セスキ&石けんで
スッキリ快適生活

ニオイも汚れもたちまち解決する！

赤星たみこ

青春出版社

はじめに…石けんやセスキ炭酸ソーダでスッキリ暮らす

私が石けん生活をはじめて、30年ほどになります。

環境にいい、からだにも安心……そんな気持ちで石けんや重曹などを取り入れる方も多いでしょう。でも、「石けんを使い始めたら服が黄ばんだ！」「重曹を使ったけど、汚れが全然落ちない！」とまた合成洗剤に戻ってしまう方も多いのです。それは、汚れに合った使い方をしていないから。

汚れが落ちていくのは化学変化です。化学的な理屈がわかれば、汚れは少ない手間できれいになります。

最近は重曹やクエン酸だけでなく、セスキ炭酸ソーダも話題で、講演会などでも質問をよく受けます。また、炭酸塩、過炭酸塩（過炭酸ナトリウム、酸素系漂白剤）なども新たに脚光を浴びてきました。これらを使いこなすには「少しの化学的知識」が必要です。この「化学的知識」が「コツ」なのです。

ちょっとしたコツを知れば、汚れはどんどん落ちるし、ニオイも減るし、スッキリ快適な暮らしが手に入ります。その面白さをお伝えしたくて、本書をまとめました。

目次

はじめに…石けんやセスキ炭酸ソーダでスッキリ暮らす　3

序章
落としたつもりで落ちていない！
残念な人 7つの思い込み　11

1章
部屋干し臭は、わが家で落とせた！
～そのニオイ、あなたのせいではありません～　21

気になる洗濯物のニオイ、溶かし込みを試してみて！　22
「洗剤10分撹拌《かくはん》」のスゴイ威力　26
ニオイだけでなく、洗濯槽の黒カビも減った！　29

目次

ドラム式を賢く使って、驚きの洗い上がり 31
溶かし込みに慣れたら、次は石けんにトライ！ 36
猛暑の日こそ、ズボラさんには洗濯日和 38
洗濯物の量、考えていますか？ 40
黒モノ洗いに〝前日溶かし〟が効く 43
ニオイのしみついた男物の衣類も、煮洗いで撃退！ 46
素材別〝煮洗い〟で、衣類はもっと真っ白に 51
ウールやシルクも、石けん洗いで虫食い知らず 54
セーターのまとめ洗い、助剤にセスキ炭酸ソーダ 60
中和で落とす〝アルカリ洗濯〟で、節水のオマケつき 63
軽い汚れには、セスキで簡単浸け置き洗い 66
大物も一気にキレイ「浴槽洗濯」 69
脱水専用機で干し時間短縮！ 74
洗濯物のシワは、予防に限る 76

洗濯槽の黒カビ、一気に退治して二度と生やさない！　79
ライフスタイルに合わせて洗濯機を選ぶ　83
コラム　洗濯石けんと、炭酸塩・過炭酸塩の話　58／セスキ炭酸ソーダについて　72
〝洗浄〟を極めれば、ニオイもムダもなし！　86

2章　汗、髪、体臭…もう気にならない！　～さわやかに香るあなたに変身～　89

セスキミントで汗すっきり、夏をさわやかに　90
熱帯夜もひんやり過ごせる、セスキミント利用法　94
本当の香りのおしゃれを考える　97
石けんでシャンプー、頭のニオイ解消！　100
お酢リンスで髪サラサラ　105

保湿効果抜群！　ハチミツシャンプー　107
「石けん洗髪がうまくいかない！」方へ　109
石けんで入浴、身体のニオイを落としましょう！　112
セスキで「お風呂タイム」をゆったり楽しむ　114
石けん歯みがきでお口スッキリ！　118
肌を伸ばしてアワアワ洗顔　122
一晩でツヤツヤ〝おいしい〟かかとケア　124
コラム　セスキはこんなところで買える！　116

3章

ナチュラルに暮らす「キッチン」の秘密
～〝中和〟が決め手です！～

127
キッチンは楽しい実験室。ナチュラル&サイエンスを実感しましょう！　128

台所まわりで大活躍「とろとろ石けん」 130
ビールが美味しくなる、グラスの洗い方 133
食器洗いはタワー方式。節水というオマケつき 135
熱湯浸け置きで食器もお玉もピカピカ 139
茶渋…漂白剤を使わなくてもきれいになるコツ 142
漆器はちょっと〝気を付ける〟だけで、ずっと美しい 145
換気扇もたちまちピッカピカの石けん術 147
布巾の悪臭解消法　その1「干す」 150
布巾の悪臭解消法　その2「煮洗い」 154
ゴムベラで無駄を掻き取る 158
キッチン掃除の強い味方、セスキスプレー 161
冷蔵庫のカビ対策にもセスキ炭酸ソーダ 163
コラム 石けんで洗うと速く乾くのはなぜ？ 141／アルカリ剤を使いこなそう 166

4章

家じゅうのニオイと汚れを元から断ちます！　～トイレ、浴室、リビング、ペット…～　169

エコで洗浄力抜群「セスキ水」で小掃除！　170
過炭酸塩の掃除で家じゅうスッキリ　173
トイレのさぼったリングとニオイ対策　175
ペットの汚れにもセスキは大活躍！　176
ズボラ流ハタキで簡単掃除　178
風呂釜ピカピカ、ほったらかし掃除法　182
ため水&窓拭きグッズでお風呂のカビ予防　185
浴室の排水口掃除、ネットひとつで手間激減　188
ニオイもペットの毛も取れる、茶がら掃除　192
雑巾がけしたみたいにキレイになる、ホウキの魔法　196
ズボラ式・雑巾ばらまき大作戦　198

アワアワでラクラク、簡単楽しい網戸掃除 201
アルカリ助剤一覧 207
コラム 環境だけでなくお財布にもやさしいセスキ炭酸ソーダ 200
こんな用語も覚えておくと便利です 208

終章 人生も磨ける「丁寧な」暮らし 211

びしょぬれで家を傷めていませんか? 212
わが家の愛おしい30年モノ40年モノ 215
靴を長持ちさせる、ちょっとしたコツ 218
漆器の傷、塗らずに直す 221

あとがき 224

本文デザイン・DTP　ハッシィ

序章

落としたつもりで落ちていない！

残念な人 7つの思い込み

落とせない汚れは、心の汚れだけ！　を豪語する私ですが、今までにもたくさんの質問をいただいてきました。特に石けんに関することは数えきれないほど……。昔は当たり前に使われていた石けんが、こんなにも扱いが難しいものと思われているのは残念です。

石けんだけではなく、最近はセスキ炭酸ソーダや重曹など、ナチュラルクリーニングに興味のある方がかなり増えてきました。でも……汚れやニオイに関することはこんなに誤解だらけです！

Q1

部屋干し臭というのは、いったい何のニオイですか？特別な菌ですか？

A

部屋干しすると臭《にお》うのは、衣類に残っている皮脂汚れに雑菌が繁殖して臭うのです。洗濯機から衣類を出したとき、すでにクサい場合もあります。衣類の汚れが落ちていないからですね。汚れをキチンと落とせば部屋干ししても臭うことはありません。

Q2

石けんは環境にはいいけど汚れ落ちは悪い、と聞いたのですが……

A

いいえ、石けんは正しく使えば素晴らしい洗浄力を発揮します。しっかり溶かしてから洗うと、衣類は真っ白に、食器はピカピカになりますよ！　使い方のコツを覚えてください。今までと違う汚れ落ちに驚くはずです！

Q3 ガラスのコップが曇るのは何年も使っていると仕方ないことですよね？

A

いえいえ、きちんと洗ったコップは何年経っても透き通ってピカピカです。曇りは汚れがキチンと落ちてなくて残留している証拠です。多分、優しくスルスル～と洗っているのではないですか？ 今よりちょっとだけ力を入れてゴシゴシこすってみてください。スポンジでこするだけだと、手の力がちゃんと伝わらず、汚れが落ちにくいものです。アクリルタワシなどでゴシゴシこするとすっきりします。洗剤だけで落ちる汚れもあれば、力を加えて落とす汚れもあります。

Q4

合成洗剤は冷水でも溶けて、石けんは冷水だとダメなんですよね？

A

いいえ、合成洗剤も冷水より温水のほうが洗浄力がアップします。洗剤メーカーのHPを見ると、たいていの洗剤で20度以上のぬるま湯を推奨しています。石けんだけがお湯じゃないとダメ、ということはありません。合成洗剤でもできればお風呂の残り湯などを使って洗濯してみてください。今までと同じ洗剤を使っているのかと思うほど、洗浄力がすごくアップしますよ！

Q5

石けんも使いすぎはよくないですよね？「もったいない精神」で量は少なめで洗っています。

A

石けんにしろ、合成洗剤にしろ、適正な使用量でなければ意味がありません。少なすぎる石けんで洗濯すると、かえって石けんカスが衣類に残留して黄ばみの原因になります。食器洗いのときも石けんが少なすぎると、ベタベタしたマヨネーズ状のものが発生し、それを落とすためにさらにたくさんの石けんが必要になります。最初から適正量を使うことで無駄が省けます。

Q6

石けんは黄ばむから白いものは洗いません。

A

石けんは、適正な量をよく溶かして洗うと、真っ白に洗い上がります。ニオイも取れます。でも、少なすぎる量、溶かし込み不足だと黄ばみます。キチンと溶かし、泡立ちを確認して洗濯してみてください。汚れ落ちが全く違いますから！　そして、その方法は合成洗剤でも同じです。キチンと溶かすこと、これで汚れもニオイも撃退できますよ！

Q7 やっぱり「無添加」がいいんですよね？

A

無添加石けん（いわゆる純石けん）は、シルクやウールを手洗いするときに使います。洗濯機でガンガン洗濯する場合は、アルカリ性の炭酸塩という物質が配合されている石けんが最適です。これは、皮脂などの汚れは弱酸性なので、石けん液が酸性に傾くのを防ぐ役割で配合されているのです。炭酸塩配合の石けんのほうが無添加石けんより洗浄力が高いのです。最近話題のセスキ炭酸ソーダ、炭酸塩、そしてすっかりおなじみとなった重曹などはpHの高さによって使い道を変えるとより効果的。汚れ落ちを最大限に高めるアルカリ助剤の使い方、このあたりのお話もしていきたいと思います。

いかがでしたでしょうか？

汚れがしっかり落ちてスッキリきれいな暮らしをしたいのなら、汚れ落ちのメカニズム、化学的な理屈を覚えましょう！　理屈がわかれば、ズボラな私でも最小の力で最大の効果を得ることができるようになりました。それが面白くて、ズボラなのに掃除好きになったのです。

本書では、30年かけて徐々に身に付けた知識、コツをたくさんご紹介します。お楽しみに！

1章

部屋干し臭は、わが家で落とせた！

——そのニオイ、あなたの
せいではありません——

気になる洗濯物のニオイ、溶かし込みを試してみて！

最近、日本では高残香性（香りが残る性質が高い）の洗剤や柔軟剤が人気です。24時間香るもの、衣替えで半年前にしまった衣類も香りますよ、というCMをよく見かけます。

どうしてそんなに高残香性のものが出てきたのでしょうか？

どうもこれは衣類がクサイことが原因ではないかと思います。洗濯してきれいになったはずなのに嫌なニオイがする。これを「自分のせいだ」と思う人がとても多いのです。自分がクサイから衣類がにおう、だから着たらすぐ洗う。でも洗濯しても嫌なニオイが立ち上る。少しでもそのニオイを隠すために強い香料の洗剤や柔軟剤を使って衣類に香りをつけよう、というわけです。

でも、そのニオイ、あなたのせいではありません！　**落ちきれなかった皮脂汚れ**のせいなのです！

●合成洗剤でも石けんでもＯＫ

さあ、その皮脂汚れは、どうやれば落とせるのでしょうか？

最初に私がオススメするのは洗剤の溶かし込みです。本当は石けんをオススメしたいのですが、石けんユーザーは人口の３％くらいということで、まずは合成洗剤ユーザーの方に溶かし込みをやってもらいたいのです。もちろん石けんユーザーの方も（すでにやっている方もいらっしゃるでしょうが）、しっかり溶かし込みをやってください。

洗剤の溶かし込みとは、洗濯機にぬるま湯をためて洗剤を入れ、10分ほど攪拌《かくはん》することです。よく溶けた洗剤液に衣類を入れて、そこから新たに洗濯を始めるのです。

洗濯機にサッササッサと衣類を入れて、適当な量がたまったら洗剤ポイ、スイッチを入れてあとは機械任せでＯＫ、と思っている人には難しいかもしれませんが、まず、洗濯機を空にするところから始めてください。洗濯槽に衣類をためておくと、洗濯槽がなかなか乾かず、カビも生えやすくなります。それに、夏場は適度な湿り気のある洗濯槽はゴキブリも寄ってくる可能性大ですから……。ぜひ、衣類は洗濯カゴへ入れてください。

そして、空の洗濯槽にまずぬるま湯（最低でも20℃以上）をためます。夏なら水道水でも20℃はあります。できればお風呂の残り湯を使うといいでしょう。残り湯がない場合はヤカンのお湯を足してみてください。

そこへ洗剤（石けんでも合成洗剤でも）を入れて10分以上攪拌《かくはん》するのです。と言うと、「ええっ、衣類も入れないで10分も空回し!?」と驚く方もいるのですが、これくらいしないと、本当に洗剤は溶けにくいのです。特に最近の洗濯機は攪拌力が弱いので、10分どころか15分攪拌するという方もいるくらいです。縦型全自動洗濯機の「洗い」モードを全部使うと便利です。その間は歯磨きをしたり食器を洗ったり、何らかの仕事をこなす時間にあてるといいでしょう。

溶かし込みをきちんとやるとどういうことが起きるか、実際の体験談をお読みください。

溶かしこみのやりかた

❶ 洗濯機に低水位で ぬるま湯をため
洗剤※を入れて
10分以上 撹拌する

※石けんでも合成洗剤でもOK!

20℃以上
冬ならお風呂の
残り湯がベスト!

❷ 洗剤がよく溶けたら
水を再注入して衣類を入れ
改めて フツーの洗濯コースで
洗濯をする

❸ あとは洗濯機におまかせでOK!

石けんの場合は
衣類を入れて洗いが 始まると
泡が 消えることがあります
その場合は 液体石けんを加えて
泡が立った状態で 洗ってください

すすぎの回数はいつもと同じで大丈夫!
最初によく溶かすことで洗剤の残留も減り
ふんわり洗いあがります!

「洗剤10分攪拌《かくはん》」のスゴイ威力

去年の夏、洗濯物のニオイに悩んでいた友人に、洗剤を10分攪拌《かくはん》してから衣類を入れてみて、ニオイや洗い上がりがどう変わるか実験してくれるよう頼みました。

この友人は「洗剤をよーく溶かすとニオイが落ちるよ」という私の言葉をすでに実践してくれていて、5分ほど攪拌してから衣類を入れる方式を取っていました。「これだと確かにニオイが減る！」と喜んでくれていたのですが、10分攪拌にしたらどう変わるか知りたくて頼んでみたのです。

友人は10分攪拌をして衣類を入れるという洗濯を1週間続け、驚きと喜びに満ちたメールが私のもとに届きました。

「まず感じるのはさっぱり感。それと今までタオルやハンカチを干すときに少し臭うことがあったけど、この1週間はまったくなかった。身につけたとき臭うこともなかった。柔軟剤使ってないのに全くゴワゴワしてないし、タオルもふんわり柔らかい。

一番実感している変化は、干すときに臭わない！　です」

合成洗剤でもしっかり10分攪拌すれば、ニオイがなくなり、柔軟剤も要らなくなるんです！

他にも「洗剤10分攪拌」をやってみた方からいろんな感想や質問、実験報告などをいただきましたが、多くの方が「溶かし込みをしたらニオイがなくなった！」と喜んでいます。ほかにも「タオルの黒い斑点が取れた！」「洗濯槽の汚れまで取れた！」「衣類がふんわりして、柔軟剤要らずに！」という喜びの報告も。

確かに、衣類を入れて洗剤入れてスイッチ押すだけの洗濯に比べると面倒ですが、

10分撹拌をすると1週間放置した襟汚れ、袖汚れもちゃんと落ちます。それも、事前に襟に何かを塗ったりするプレケアなしに！　しかも洗濯機を回す回数が減ります。

汚れがちゃんと落ちていないと、身につけたときちょっと汗をかいたりするとすぐニオイが出ます。1時間着ただけで洗濯機に放り込む、ということもあるでしょう（実際、うちでも昔は夫がそういう洗濯をしていました）。でも、汚れがちゃんと落ちていれば何時間着ても臭いません。汚れた衣類をため込んでいると汚れが落ちにくくなるのでは？　と思うでしょうが、大丈夫、よーく溶かした石けん液なら汚れの首輪も落ちていきます。

これも実話ですが、私の以前の本を読んで、合成洗剤の10分撹拌をしてから衣類を入れる洗濯法を実践してくれた男性がいます。彼は20代の一人暮らしで、夜帰ってから洗濯するのですが、10分回す間はテレビを見たりしているそうです。そして、「襟とか袖の汚れがきれいになったのでびっくりしました」と報告してくれました。

とにかく、10分撹拌。電気代がもったいないと思うでしょうが、プレケアやっても取れなかった襟の汚れが普通に落ちたり、バスタオルがまったく臭わなくなる生活って、とても快適ですから！

ニオイだけでなく、洗濯槽の黒カビも減った！

さて、10分攪拌《かくはん》。ニオイがなくなるだけでなく、思わぬオマケも。**よく溶けていると、洗濯槽の黒カビが取れる**のです。

洗濯槽の黒カビは「洗剤の溶け残り」が主な原因ですが、よく溶かした洗剤・石けん液を使うと、洗濯槽裏に蓄積していた黒カビがはがれてくることがあります。そうなったら一度洗濯槽の掃除（79ページ参照）をして徹底的に黒カビを落としましょう。その後は、10分攪拌を続ければ、黒カビが出てくることはなくなるでしょう。

●「サッポイピッ」していませんか？

石けんを面倒だと言う方のほとんどは、衣類をサッと洗濯機に入れ、洗剤をポイと入れ、スイッチをピッと押すだけでOKだから、合成洗剤のほうがラクと思っていらっしゃるのではないでしょうか。でも、この「サッポイピッ洗濯法」だと合成洗剤でも必ず溶け残りが出て、洗濯槽の裏にこびりつき、黒カビの主な原因になります。

●ポイントは低水位

溶け残りを出さないためには、洗濯をする前に洗剤をよく溶かすことです。やり方について、ここでもう一度キチンと説明しましょう。

洗濯槽にまず低水位でぬるま湯を溜《た》め、洗剤を入れ、衣類を入れずに10分ほど攪拌します。これが「溶かし込み」です。**低水位にするのは、そのほうが攪拌力が上がるから**です。洗いモード（たいてい12分くらい）全部を攪拌に使ってもOKです。溶かし込みが終わったら洗濯物を入れて、改めて通常の洗濯コースで洗濯します。このとき、高水位まで再注水するといいでしょう。

ドラム式の場合は次の項を参照してください。取り扱い説明書に石けんは使わないようにと書いてある機種も多いのですが、お湯を使うとほとんどの場合はトラブルなしに洗濯できています。心配な方は、石けんではなく**セスキ炭酸ソーダ**や**過炭酸塩（酸素《さんそ》系漂白剤）**を使った洗濯もいいと思います。

ドラム式を賢く使って、驚きの洗い上がり

10分ほど攪拌《かくはん》して「事前溶かし込み」。ドラム式だとどうやるか、よく質問を受けます。

なんとドラム式は事前溶かし込みをしなくても大丈夫なんです！　洗濯槽に衣類を入れたらその上に直接粉石けんを振りかければOK。

ドラムの回転とともに衣類が持ち上げられ、一番上からパタンと下にたたきつけられるように落下していく「たたき洗い」は、石けんをドラムに直接入れてもよく溶けるのです。猛暑の時期なら水道水でも大丈夫ですが、できることならお湯を使うとニオイも確実に取れるし、白いものは真っ白に洗いあがります。

ただし、蛍光剤の入った合成洗剤をお使いの方は、衣類の上に直接振りかけると白い斑点がついてしまうことがあります。蛍光剤とは、衣類を白く見せるための白い染料なので、それが衣類に残留して白い斑点となるのです。

これを防ぐには、蛍光剤の入っていない合成洗剤か、粉石けんを使うことをオススメします。粉石けんを使う場合は、必ず「炭酸塩」が40％ほど配合されているものを選んでください。できればお湯を使うと、衣類が本当にきれいになります。ニオイも取れるし、襟や袖口の汚れもしっかり取れますから！

ただし、これは水平ドラム式の場合です。海外製のドラム式はほとんどが水平タイプで、これは石けん洗濯にとても向いています。でも**国産のドラム式は斜め型が多く、ちょっと工夫が必要**です。

●斜めドラム式はペットボトルで溶かして洗浄力アップ

国産の斜めドラム式の場合、たたき洗いというには落下する高さが低いので、たたき洗いというよりゆすり洗いに近い洗い方になります。石けんや合成洗剤も溶けにくく、使用水量も極端に少ない場合があり、使い続けると黒ずみが出たりニオイが取れないという悩みを持つ方もいます。

これを解消するには、まず、**どれだけの衣類を洗うにしても高水位を選ぶこと**、さらに、**入れる洗濯物の量を減らすこと**をやってください。高水位にして衣類を半分以下にしたらうまく洗えた、というメールもいただきました。

それから、**液体洗剤や液体石けんをお使いの方**は、先に1～3リットルの水に溶かしてからドラムの中に直接入れてください。

粘度の高いドロリとした液体洗剤は、実はなかなか溶けきれないものなのです。水で薄めてサラサラにしてあげると、全体によく混ざると思います。

水で薄めてサラサラにするには、ボウルやバケツの水に液体石けんや液体合成洗剤を入れ、泡立て器などでかき混ぜて溶かせばいいのです。それをドラムの中に直接入れるだけで、洗い上がりが明らかに違ってきます。

ウェブ連載のコメント欄に、ペットボトルに入れて溶かしてから洗剤投入口から入れてみた、という実例を書いてくださった方がいました。実際に洗浄力がアップし、こんなに結果が違うのだと驚いたとのことです。いいアイデアですね！

粉石けんの場合もボウルやバケツに入れて熱いお湯で溶かしてからドラムの中へ直接入れてみてください。粉石けんは洗剤投入口から入れると、口からドラムへつながるパイプの中でジェル状に固まることがあるので、ドラムへ直接入れるほうがよく溶けます。

●泡消し機能対策

国産のドラム式の場合、泡消し機能がついている機種があります。泡が立ちすぎると水が注入されて薄まってしまうのです。石けんの場合、泡が消えてしまうほど薄まっては洗浄力がちゃんと発揮できません。泡消し機能を切ることができれば切って使ってください。

それができない場合は、泡消しのために水が注入されたら、いったん泡が消えるまで注水させて、注水が止まったら2リットルのペットボトルに液体石けんを大さじ1~2杯ほど溶かしたものを、洗剤投入口から少しずつ入れてみてください。いったん泡が消えたら、そのあとは二度目に泡立っても泡消し機能は作動しない、という機種も多いのです。これで泡立った状態で洗うことができます。

そういう機種ではない、というお宅もあるでしょうから、その場合は、泡消し機能が働かないぎりぎりの石けん量を見極めるしかありません。そのためには、最初は石けんを少なめに入れて、ペットボトルで溶かした石けん液を洗剤投入口から少しずつ足してみて、泡の状態と泡消し機能の動作状況を確認してください。どの程度の泡でセンサーが働くのかを観察していけば、2～3回で石けん量の見極めが付くようになります。

インターネットをお使いの方は、「ドラム式・たたき洗い・石鹸」で検索すると私が説明している動画が出てきますので、そちらも参考にしてください。

溶かし込みに慣れたら、次は石けんにトライ！

私の石けん生活も、最初は白いTシャツを黄ばませたり油臭くさせたりしていました。しかし、溶かし込みをしっかりやるようになってからは失敗がありません。とにかく汚れ落ちがいいこと、ニオイがなくなることで、洗濯に関するほとんどのトラブルは解消しました。この素晴らしい物を多くの人に勧めたい！　と思っていたのが私の石けん生活第一ステージです。

第二ステージになると、石けんを無理に人に勧めなくてもいいのかも？　と思うようになりました。それは、合成洗剤でも溶かし込みをキチンとやると汚れ落ちがアップし、ニオイも取れることがわかったからです。石けんより、手軽に手に入る合成洗剤で溶かし込みをすれば汚れ落ちもよくなり、ニオイも取れてふんわりするんだし、それでもいいのでは？　と思ったのでした。

ところが、連載コラムの読者の方から、こんな話を聞きました。

この方は、合成洗剤でちゃんと溶かし込みをしたら、衣類やバスタオルがどんどんきれいになってふんわりしたそうです。

その後、石けんに替えたら、さらにきれいになってびっくりしたとのこと。特に、長年使ってグレーになっていたバスタオルが、石けんで洗うようになったらグレーの色が徐々に落ちてきて本来のピンク色が出てきたのだそうです。

お気に入りのバスタオルやTシャツを、きれいなまま着続けたいのなら、やっぱり石けんです！　長年の黒ずみも落とせるし、黄ばみも出ません。

濃い色の衣類がどんどん白っぽくなるのは、あれは「色落ち」ではなく、多くの合成洗剤に配合されている「蛍光剤」が衣類を白く染めているだけなのです。石けんで洗うとその蛍光剤が落ちていくので、白っ茶けていた衣類がどんどん元の色に戻ることもよくあります。

溶かし込みさえきっちりできれば、ニオイもなく、ふんわりした洗い上がりのバスタオルが手に入りますから！　さあ、石けんにトライしてみませんか？

猛暑の日こそ、ズボラさんには洗濯日和

最近の夏は猛暑日が続きます。36度以上という日も多く、体温より暑いのです。しかし、実はそこまで暑いと、一つだけいいことがあるんです。

それは、気温が高いと水道水の水温も高くなって、石けんや合成洗剤が溶けやすくなるということ。

地下水を汲み上げている水道だと夏でも冷たいのですが、それでも配管を通ってくる間に水温も上がります。石けんや合成洗剤を使う場合、たいていどこのメーカーも20度以上の水温を推奨していますが、猛暑が続くと水道水も20度は楽々オーバーしているはずです！

水温が高いのは部屋干し臭を撃退する一つのチャンス。とにかく、石けんも合成洗剤も水温が高いほうがよく溶けるし、よーーーく溶かすと信じられないくらい洗浄力

がアップするのです。

●残り湯活用だとますますキレイ

石けんや合成洗剤は温度が高いほうがよく溶けるのですから、お風呂の残り湯があれば最高です。できればお風呂から上がってすぐ、40度近い水温だと本当にきれいになります。集合住宅などで夜は洗濯できないという場合もありますが、もし温かい残り湯があれば、ぜひ使ってみてください。

お風呂の残り湯は汚れや雑菌が多いので洗濯には使えない、と思っている方もいます。戦前の家政学の本などにはそう書いてあるものもあったのですが、戦前と今とでは家族構成がそもそも違います。昔の大家族ではお風呂の残り湯も確かに汚れがひどかったでしょう。しかし、夫婦2人だけとか、せいぜい4～5人家族の残り湯は昔ほど汚れてはいません。多少の汚れがあっても、温度による貢献のほうが大きいのです。

雑菌がどうしても心配なら、残り湯に過炭酸塩（酸素《さんそ》系漂白剤）を大さじ1～2杯ほど入れておくといいでしょう。過炭酸塩は殺菌効果もあるし、アルカリ性なので洗浄力アップにも貢献します。

洗濯物の量、考えていますか？

洗濯機が縦型全自動やドラム式や二槽式でも、洗濯物の量はその洗濯機で洗える量の7割程度に減らしたほうがきれいに洗い上がります。合成洗剤でも石けんでも、これは同じです。

日本の洗濯機は、どのタイプも節水を売りにしたものが多くなりました。**どんな洗濯機でも、「浴比」を無視した洗濯ではきれいになりません。**

浴比とは、洗濯物1キログラムを洗うのに使われる水の量です。60リットルで6キロ洗いだと、浴比は10です。

でも、最近の洗濯機はそんなに水を使うのは悪だ、と言わんばかりに、使用水量の少なさを自慢するものが増えました。35リットルで8キロ洗いとか、14リットルで7キロ洗いとか……。前者は浴比4.4を切るくらいですし、後者はなんと浴比2です。

本来は、浴比が10を切ると洗い上がりが悪くなると言われているのですから、そこまで極端に使用水量を減らすと、いろんな弊害が出てきます。

私の家は二槽式で、5.2キロ洗い、最高水位は48リットルですから、浴比は9.23ということになります。

同じメーカーの全自動洗濯機の9キロ洗いでは最高水位が75リットル、浴比は8.3、ドラム式の9キロ洗いは最高水位30リットルで浴比は3.3でした。

これだけ見ると、「ドラム式はすごい節水になるからエコですね！」と思うでしょうが、私のホームページやネット上の掲示板には「ドラム式にしてから衣類やタオルが黒ずむ」「ニオイが取れなくなった」という悩みが多く寄せられています。解決策を検討した結果、一番いいのは「浴比を上げる」。要するに洗濯物の量を減らすのです。

冒頭で書いたように、洗濯機の容量の7割程度にすると、私の二槽式では48リットルで洗える衣類が3.6キロ程度。

しかし、二槽式は1回の洗濯液を何回も使えるという利点があります。うちでは洗濯液を4回は使いまわしています。洗ったものを脱水槽に移すとき洗濯液が減るので、そのつど水を足しますが、それでも洗いだけにかかる水は60リットルくらいでしょうか。

実際にうちでは、海外製のドラム式を使っていた頃より、二槽式にしてから水道料金が下がりました。これは洗濯液を使いまわすようになったことと、汚れがしっかり落ちるので、洗濯回数も減らせたからです。

●斜めドラム式は特に洗い物を減らして！

32ページにも書きましたが、斜めドラム式の場合は使用水量が少ないので、洗濯物を規定量の半分とか3分の1くらいに減らすと、洗い上がりがよくなります。

ここまで減らして初めて衣類がやっときれいになるのか！　と驚くでしょうが、実際に毎日洗濯している人の生の声を聞くと、「減らして減らして、超少なくして洗ったほうがきれいになるし、ふんわりする！　ニオイも取れる」と大喜びなのです。

何度も洗うことになるので、あまり節水にはなりませんが、それでも黒ずみが出るよりマシと、衣類を半分以下にして洗濯している方も多いのです。そして、こんなに手間がかかるのならドラム式にしなければよかった、と後悔している方も……。

洗濯とは、衣類をきれいにすることで、節水が目的ではないはずです。節水も求めるのであれば、汚れをキチンと落とす洗い方をしましょう！

黒モノ洗いに〝前日溶かし〟が効く

黒いTシャツや濃紺のジャージを石けんで洗うと、ときどき白い粉っぽいものがスジ状に付着することがあります。正体は石けんの溶け残りか石けんカスですが、特に害があるものでもないし、乾いた後に手でパタパタはたけば落ちるので、私はまったく気にしていませんでした。

ところがある日、一晩置いた石けん液で洗濯したら、私の黒いTシャツに白い粉がまったく付いてなかったのです！　これは本当にびっくりしました!!

偶然発見したやり方です。

ある夜、洗濯をしてから寝ようと、まず洗濯機に水をため、石けんを溶かしましたが、結局洗濯せずに寝てしまったのです。翌日、洗濯機の中には一晩置いた石けん液が入っています。その石けん液に衣類を入れスイッチオン。あとは普通に洗濯機で洗い、すすぎ、脱水。そのあとも普通に干して、普通に取り込もうとしたところ……。

なんと、私の黒いTシャツが真っ黒なのです！　いつもなら白いスジがついていたり、粉っぽいものとか繊維の切れ端っぽいものとか、なんらかのクズが必ず付着していたのに、まったくついていません！

なぜ、なぜこんなに美しい洗い上がりになったのか？　変わったことといえば、石けんを溶かして一晩寝かせただけ……。これだけで、石けんがいつも以上によく溶けたのだと思います。

よーーーく溶けた石けん液や洗剤液は、雑に溶かした液とは比べ物にならないくらい洗浄力が上がります。泡立ちもよくなります。

●アワアワで洗浄力がぐんとアップ！

一晩置いた石けん液は泡立ちがいつもと違ったのを思い出しました。いつも以上にきめ細かな泡がたっぷり立ったのです。一つ一つの気泡が小さくて、ふんわりと軽い泡ですが、洗濯槽からあふれんばかりにアワアワでした。そういう軽い泡だと、すすぎも楽で、水が注入されるとスッと消えていくのです。

この「前日溶かし」は、夏の時期限定ですが、ぜひやってみてください。夏限定というのは、暑い時期だからこそ、一晩置いても水が冷たくならないのです。真冬だと、お湯を使っていても一晩置くと冷たくなってしまいますから。

実はこの方法、石けんユーザーだけのものではありません。合成洗剤ユーザーの方も、ぜひ一度試してみてください。

粉末洗剤でも液体洗剤でも、まずよく溶かして、さらに洗濯槽の中で一晩寝かせてから洗濯すると、汚れ落ちがものすごく良くなって、びっくりすると思います。

毎回やるのは面倒ですが、1週間に1回、月1回でもやってみてください。本当に衣類がすっきりしますよ！

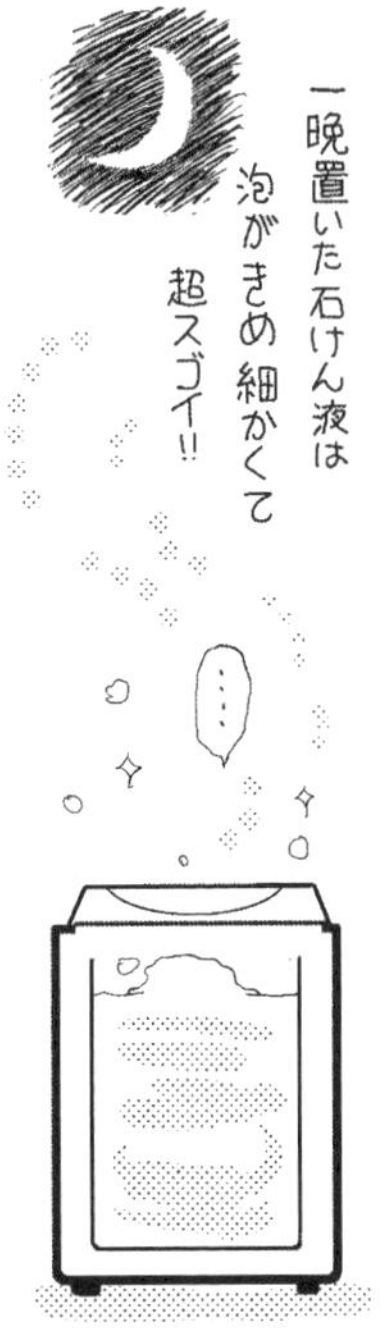
一晩置いた石けん液は
泡がきめ細かくて
超スゴイ!!
…

ニオイのしみついた男物の衣類も、煮洗いで撃退！

さて洗剤や石けんをよく溶かして洗濯してみました、確かに袖や襟の汚れがよく落ちました、でもそれでもニオイがします……。という頑固なニオイのついた衣類や布巾も存在します。

実は私の家でも夫がTシャツの脇の下がクサい……と、途方に暮れていました。同じように洗濯しているのに、私の衣類は臭わず、夫のものはときどきニオイが出るのです。

男性は皮脂の分泌が女性より多く、同じように洗っても汚れが落ち切れていないことがあります。

この汚れとニオイをしっかり落とし、殺菌までしてくれる「煮洗い」をやってみましょう。煮洗いとは、文字通り「煮る」ので、ホーローの鍋か、傷のついていないアルマイトの鍋、ステンレスの鍋を用意してください（うちはステンレスの洗い桶を使っています）。**必要なものは石けんと過炭酸塩（酸素系漂白剤）**です。

●まずは石けんだけで煮洗い

ステンレスの洗い桶や鍋に水を入れ、火にかけます。うちでは5リットル入りの洗い桶に3リットルほどの水を入れています。水が温まってきたら粉石けんを小さじ1～大さじ1杯程度（汚れの度合いによって幅があります）入れてよくかき混ぜます。石けんがよく溶けたらニオイのする衣類を入れ、菜箸などでかき混ぜながら、沸騰するまで煮るだけです（吹きこぼれに注意！　必ずそばにいて、見張っていること！）。

沸騰したら火を止め、お湯の温度が手が浸けられるほどに下がるまで放置し、あとは取り出して普通にすすぎます。洗濯機ですすぎ、脱水して干せば簡単です。普通の汚れやニオイなら、これでキレイに落ちます。

木綿のタオルや布巾《ふきん》、Tシャツなどでしたら沸騰するまで煮て大丈夫です。化繊の衣類や、プラスチックのボタンやファスナーが付いているものは、高温で変質しますから要注意。そういうものは、過炭酸塩（酸素系漂白剤）だけで浸け込むプチ煮洗いをオススメします。

●過炭酸塩でプチ煮洗い

シミのついた衣類やタオルを過炭酸塩を溶かしたお湯に浸け込むだけの簡単煮洗いですが、温度が大事です。過炭酸塩は50度で一番よく働きます。温度計で測るのが一番いいのですが、ない場合はおおよそ50度、というレベルで大丈夫。

お風呂の温度を測るとき、お湯に手を入れて「ぬるい」と感じるのが20度、「温かい」と感じるのがだいたい30度くらい、「ちょうどいい」と感じるのがほぼ40度、「アチチ」と感じるのが45度くらいです。これを応用して、鍋のお湯の温度をだいたいでいいから把握しましょう。もちろん、やけどするくらい熱いお湯に手を入れてはいけません。ぬるいときにチョコチョコ入れてみて、おおよそ40度くらいだなと思ったら、過炭酸塩を入れ、お玉などでかき混ぜてよく溶かします。そこへシミのついた衣類やタオルなどを入れ、菜箸などで抑えて火を止めます。あとは冷めるまで放置するだけです。

3〜4時間以上、一晩ほど置くと、頑固なシミもきれいになっていますよ！　ニオイもまったくなくなりますから、本当におすすめです！

分量はいつも適当ですが、だいたい水3リットルに過炭酸塩小さじ1〜大さじ1杯くらいを使っています。

石けんで煮洗い

❶水が温まったら石けんを入れて
よく溶かす

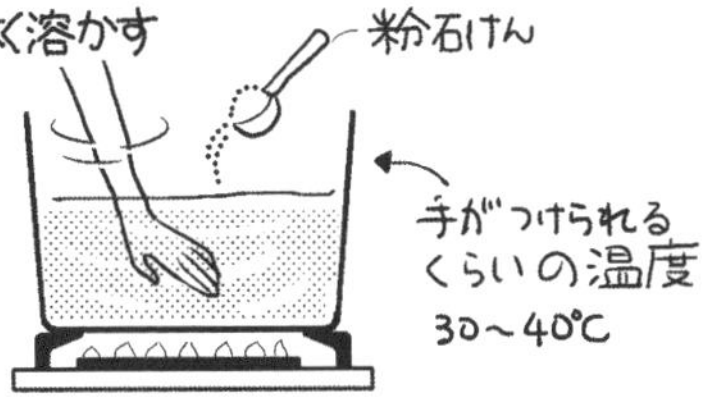

❷衣類を入れて
ふっとうするまで煮る

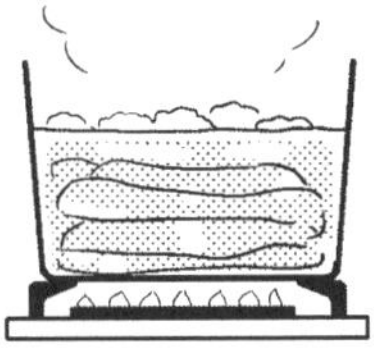

❸お湯が冷めるまで放置

❹ナベから衣類を出してすすいで干す
洗濯機ですすぐとラクチン

過炭酸塩でプチ煮洗い

❶水が温まったら過炭酸塩を入れて
よく溶かし

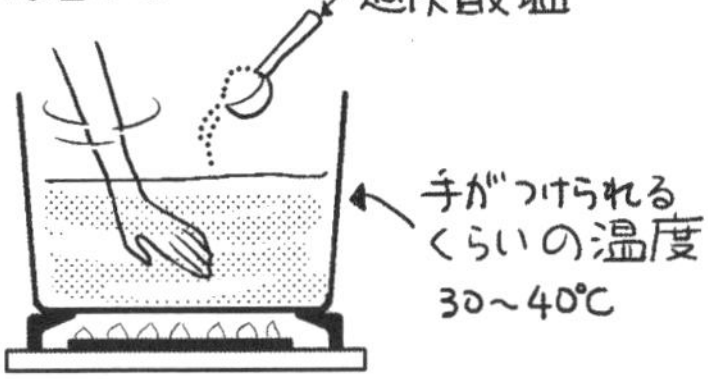

❷衣類を入れて
ちょっとだけ加熱する

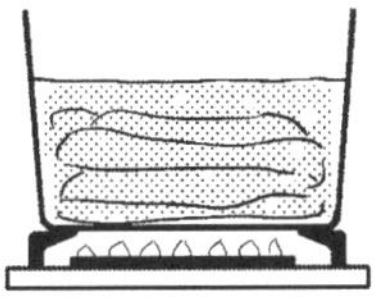

❸50℃くらいが一番漂白効果が高いので
ちょっと熱めだな、と感じるところで
火を止める

❹あとは冷めるまで
放置すれば
ニオイも色も
スッキリ!!

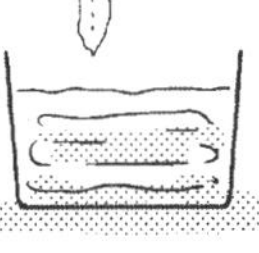

●石けんと過炭酸塩、混ぜるとどうなる？

過炭酸塩は石けんと結びつくとすぐに泡となり、分解されます。せっかくの漂白力が無駄撃ちになるので、混ぜないほうがお得です。

ただ、私のようなズボラな人間は、無駄撃ちになるのを承知の上で、石けんで煮洗いした鍋に過炭酸塩を加えることもあります。**本当は、石けんで煮洗いした物をきちんと水ですすいで、それから過炭酸塩だけでプチ煮洗いするのが正しいやり方**です。でも、それだとちょっと面倒なので、**沸騰している石けん液に過炭酸塩を足して冷めるまで放置**、というズボラなやり方を時々します。これは理論上は、石けんと結びついて無駄になる過炭酸塩が増えるし、50度以上の温度なのでどんどん泡が発生して漂白する時間が短くなってしまうのですから、無駄の極みです。でも、ものすごく汚い台拭きや雑巾、夫のTシャツがこれで生き返ったこともあるのです。

このやりかただと泡がモクモクブワーーッと立って吹きこぼれそうになりますが、泡が繊維の間を通り抜けるときに汚れをかき取っていくようなイメージを私は持っています。

無駄になるかもしれませんが、お好みでやってみてください。

素材別〝煮洗い〟で、衣類はもっと真っ白に

●木綿や麻はどんどん煮洗い

煮洗いのやり方を繊維別、アイテム別にお教えいたしましょう。

木綿や麻などの植物性繊維で、白いものならあまり気にすることなく煮洗いができます。布巾やタオルや白いTシャツなど、どんどん煮洗いしてみてください。**頑固なシミも落ちるし、白い布がさらに真っ白になります**から、きっと驚くと思います。

赤ちゃんのよだれ掛けなどがピンクに変色することがありますが、これは汚れに麹菌が繁殖したもので、一般に〝ピンク化現象〟と言われます。これも煮洗いですっきりキレイになります。ぜひお試しください。

よだれ掛けは頻繁に洗うことを前提に作られていますから、染料や縫製は煮洗いにも耐えうるようにできているはずですが、中にはデリケートな染料が使われている場合もあるので、目立たないところで色落ちするか確認してからやってください。

●化学繊維には〝プチ煮洗い〟を

白い木綿のブラウスも煮洗いすると真っ白になるのでオススメなのですが、**プラスチックのボタンが付いている場合は、外してから**煮洗いしてください。高温になるとプラスチックが変質してしまいます。

ポリエステルなどの化学繊維も、高温で煮ると繊維が変質するので、「煮る」のは厳禁です。しかし、50度の〝プチ煮洗い〟（48ページ参照）なら大丈夫。時間は1～3時間ほどでしょうか。シミの程度にもよるので、途中、漂白液から取り出して様子をみながらやってください。

プラスチックボタンをいちいち外すのは面倒ですが、この50度のプチ煮洗いなら付けたままでも大丈夫。古いボタンだとちょっと心配ですから、念のため40度程度（手が浸けられるくらいの温度）でやってみるといいでしょう。

●シルク・ウール・金属付きは煮洗い厳禁

ポリウレタンは特に熱に弱いので、煮洗いもプチ煮洗いもオススメできません。シルクやウールなどのたんぱく質系の繊維も、煮洗いはできません。これらは高温やアルカリに弱く、煮洗いすると繊維が固くもろくなってしまうのです。まあ、シルクやウールの衣類は、雑巾みたいに汚すこともあまりないと思いますので、煮洗いができなくてもそれほど困らないと思います。

また、金属はアルカリで変質する恐れがあるので**金属のボタン、バックル、ファスナーなどの付属品が付いているもの、草木染**（染める過程で金属の触媒を使うことがあります）**も煮洗いできません**。どうしてもする場合は、ボタンやファスナーを外し、プチ煮洗いの場合でも、時間は短く、短時間で様子を見ながらやってください。

日常的に一番着ることの多い木綿のものなら問題ありません。あとはタオルや布巾など、清潔にしたいものもまったく問題なく煮洗いできます。

衣類のニオイを取り、シミも消してくれる煮洗い、清潔な暮らしのためにぜひ試してみてください。何度かやってみるとコツがつかめますからね！

ウールやシルクも、石けん洗いで虫食い知らず

手編みの純毛の靴下をもらいました。

靴下を編んでくれた友人からは、「ウールは本当に虫に食われやすいから、夏の間は、洗った靴下をジッパーつきのポリ袋に入れるとかして、密閉するほうがいいよ」とアドバイスを受けました。でも、今まで私は純毛のセーターや靴下を虫に食われたことはあまりないんです。

違いは洗濯の方法にあるのかも、と思いました。セーターに限らず、ウールやシルクのスカーフなども石けんで洗っていますが、やり方を紹介しましょう。

●温度と時間が問題です！

気をつけることは水の温度と、**できるだけ短時間で洗う**ことです。**温度は30～40度くらい**のぬるま湯。たんぱく質系の繊維は温度が高すぎても繊維が固くなるので、お

風呂のお湯か、それよりやや低めで洗います。すすぎも同じ温度で。

まず、たらいや洗面台にお湯をため、石けんをよく溶かします。炭酸塩が配合されている洗濯用石けんは使わず、**「純石けん」とか「無添加石けん」を使ってください。pHが高いと動物性繊維は固くなってしまいます。液体石けんは炭酸塩が配合されていないものがほとんどですから、これもいい**ですね。

洗濯石けんが手元にない場合は固形の「洗顔石けん」を溶かして使ってみてください。ぬるま湯の中でよく溶かして泡立てて使えばＯＫ。または、「石けんシャンプー」。洗顔石けんも石けんシャンプーも顔や髪といった、たんぱく質を洗うものですからpHも落としてあり、中性に近くなっています。それなら中性洗剤を使えばいいのでは？と思うかもしれませんが、中性洗剤は繊維に残留しやすいので、すすぎに時間がかかります。石けんのほうがサッと泡が切れ、すすぎが手早くできるのです。

●しっかりキレイに汚れを落とす

泡立てた石けん液に衣類を入れて優しく押し洗い。汚れを染み出させます。

汚れた液を捨てて、衣類を１分ほど脱水します。これがすすぎをうんと楽にして、手早くすすぐコツです。モヘアなどの毛足の長いものは脱水するときにバスタオルで包みましょう。全自動洗濯機やドラム式の脱水は、槽も大きいので衣類が動いて擦れやすいのでバスタオルで包むといいでしょう。

たらいにきれいなお湯をためて、また優しく押し洗いし、お湯を1~2度取り替えてすすげばOK。最後の脱水は2~3分程度。うちの洗濯機は二槽式で脱水槽が小さく、中で衣類が動きにくいので、バスタオルで包むことはあまりないのですが、やはりモヘアのものは包みます。

ウールや絹などの動物性の繊維だけが虫食いに遭うのではなく、汗や食べこぼしで汚れていると、ポリエステルでもナイロンでも食べられてしまうことがあるのだそうです。これはやはりまず「洗う」ことが大事ですね。

自分で洗えるセーターやスカーフなどは虫食い被害はないのですが、ウールの着物はなかなか洗わないせいか、虫食い被害があるようです。1~2回着て、次に着るのは来年という場合でも洗わないし……。ベンジンで拭いたり、固く絞ったタオルで汚れを落とし、乾燥させてから仕舞うようにすれば被害は最小限になると思います。

大切な衣類ですから虫食いに遭わないよう、しっかりキレイにしてあげましょう。

ウールやシルクの手洗い方法

❶ぬるま湯に液体石けんを溶かす
（かき混ぜてよく泡立つ濃度）

固形の洗顔石けんを
溶かしても グー！

お湯につけて
柔らかくして
手でもめば
すぐに溶けます

❷ 衣類を入れ
やさしく押し洗い

❸ 石けん液を流し
手で押して絞る

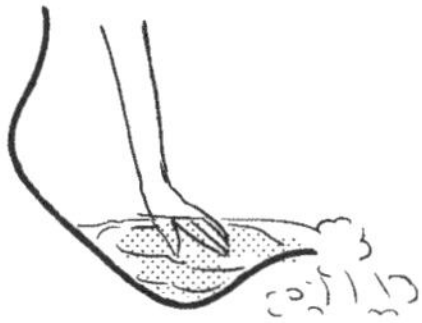

30秒くらい脱水機で絞ってもよい

❹ 新しい ぬるま湯を入れて
押し洗いしてすすぐ
お湯を2回くらい
とりかえればOK

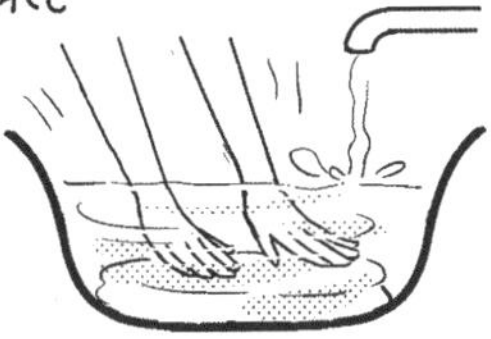

❺ 軽く脱水して
陰干し

型崩れ予防に

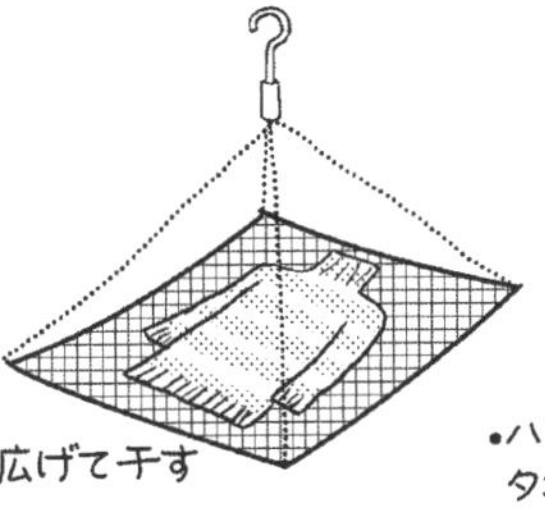

・ネットの上に広げて干す

・ハンガーにかけるときは
タオルを巻いて厚みを出す

コラム

洗濯石けんと、炭酸塩・過炭酸塩の話

洗濯には粉石けんを使っています。「粉」というと、粉末の合成洗剤と勘違いする方もいらっしゃいますが、石けんと合成洗剤は別の物質です。見分け方は表示で、合成洗剤には「洗剤」と書いてあります。石けんは主に「石けん」と表示してあります。他には「脂肪酸ナトリウム」(カリウム)「石けん素地」などの表示があれば、それは石けんです。

さて、石けん選び。無添加石けん(いわゆる純石けん)は、洗濯機でガシガシ洗うには不向きです。

「無添加」と聞くとイメージが良いので、なんとなく無添加石けんを選びたくなりますが、洗濯は、汚れを落とす、のが目的です。洗浄力アップの強い味方が「炭酸塩」などのアルカリ助剤です。

石けんはアルカリ性の領域で洗浄力を発揮します。ところが、皮脂汚れなどを洗っているうちに、中和されてだんだん酸性に傾いて行ってしまうのです。そうすると洗浄力が落ちてきます。しかし、石けんに炭酸塩などが含まれていると、pHが変化しにくく、一定に保たれます(これがアルカリ緩衝作用です)。

ですから、洗濯には炭酸塩が入っている石けんが向いている、というわけです。

表示をよく見て炭酸塩入りのものを選べばOK。

液体石けんは表示を見ると、たとえば「水、純石けん分34％」というものがあります。これは、容器の中身の34％が石けん分で、残りは水という意味です。液体石けんはシルクやウールを手洗いするのには向いていますが、洗濯機でガシガシ洗うには力不足。必ず、炭酸塩を加えて洗ってみてください。洗浄力が上がるのでオススメです。

過炭酸塩は酸素系漂白剤のことで、漂白作用、殺菌作用があります。塩素系漂白剤も強い漂白、殺菌作用がありますが、繊維がボロボロになるのが難点です。過炭酸塩は時間をかけるのが定石。一瞬で漂白するのではなく、時間をかけてじっくり白くしてくれます。しかも繊維を傷めません。Tシャツなどを長時間浸け込むと、シミもきれいになり、Tシャツ全体が真っ白になります。プラスチックのまな板も、過炭酸塩なら表面が傷まず、全体がきれいになります。

炭酸塩や過炭酸塩は他にもいろいろ使えますから、是非一家にひとつ置いてみてはいかがでしょう。

セーターのまとめ洗い、助剤にセスキ炭酸ソーダ

普通は3月の終わりに厚手のセーターやカーディガンを洗ってしまうのですが、寒くてなかなか衣替えができなかった年の春。セーターを8枚、大判ストール2枚、カーディガンを1枚洗いました。すべてウール100%です。

1~2枚を洗うときは、無添加の石けんをよく溶かして洗うのですが、今回は枚数が多いのでちょっと工夫をしました。

無添加石けんだけでセーターを洗うと、汚れ（ほとんどの汚れは弱酸性です）が溶け出し、石けん液がすぐ酸性に傾いてしまいます。1~2枚なら問題ありませんが、10枚も洗うとなると大変です。1~2枚ずつ石けん液を取り替えるといいのですが、ちょっともったいないし、面倒です。

石けん液のpH（アルカリ性の強さ）を一定に保つには、やはりアルカリ助剤が必要です。普通の洗濯石けんには炭酸塩（炭酸ナトリウム）が配合されていて、これはpH

11．2というアルカリ性の物質です。このおかげで石けん液に汚れが溶け出してもすぐに酸性に傾かないのです（P58参照）。

●大量洗いにはアルカリ助剤

さて、無添加石けんとは、石けんだけでアルカリ剤や香料が入っていないものです。1～2枚の衣類なら無添加石けん液で洗っても大丈夫ですが、10枚ともなると、やはりアルカリ剤を入れたほうが、石けんの洗浄力が長持ちします。その際、石けんのpHより高い炭酸塩を入れると動物性の繊維は硬くなってしまうので、**石けんよりpHの低いアルカリ剤**を使います。それが**「セスキ炭酸ソーダ」**です。

セスキの買える場所は、P116のコラムを参照して下さい。

実際に洗濯したときは、洗濯機の洗濯槽にお湯（40度程度）を20リットルほど入れ、そこへ液体石けんを適当に入れてかき混ぜて、よく泡立てました。よく泡立っていることが大切なので、特に量は量りませんでした。そこへセスキ炭酸ソーダを大さじ1杯ほど入れてかき混ぜて、洗濯液を作りました。洗い方、脱水の仕方、干し方などは54ページの「石けん洗いで虫食い知らず」と同じです。

●弱さが強みになる！ 重曹の上手な使い方

ウールのセーターよりも、もっとデリケートなシルクや毛足の長いモヘア、カシミアの薄いスカーフなどを洗うときは、重曹を入れるテクもあります。重曹はpH８．２というごく弱いアルカリ性で、純石けん液に加えるとセスキを入れたときよりもさらに下がります。一度、実験をしたときは石けん液がpH８．４まで下がりました。これは市販の中性洗剤とほぼ同じくらいです。弱さを味方につけてデリケートなものを洗ってください。

重曹は汚れの量にもよりますから、いろいろ自分で試してみてください。洗うときもすすぎのときもぬるま湯で、優しく押し洗いが基本です。

洗いながら泡立ちの変化を観察したり、汚れの落ち具合を見たりするのは、私にとっては面白い実験のようです。汚れが落ちていくさまは、化学変化を一番身近に感じられることなんですね！

中和で落とす〝アルカリ洗濯〟で、節水のオマケつき

ドラム式洗濯機の取り扱い説明書には、「粉石けんは使わないでください」と書いてあることがあります。いえ、ドラム式に限らず、全自動洗濯機でも「粉石けんはダメ」と書いてあるものが多いのです。

しかし、ある石けんメーカーがドラム式洗濯機で粉石けん、液体石けんを使った検証を行い、どの石けんでもちゃんと洗えたという報告をしています。ネット上の友人知人にも石けん洗濯の実験をしてもらいましたが、コツをつかめば、皆さんドラム式でも全自動でも石けん洗濯が上手にできるようになっています。

どうしても石けんだと不安だ、という方にはアルカリ洗濯。また、合成洗剤をお使いの方でもアルカリ洗濯はとても簡単ですし、香料の残留もないのでオススメです。

アルカリ洗濯とはセスキ炭酸ソーダや過炭酸塩（酸素《さんそ》系漂白剤）を使った洗濯のこと。アルカリ性の液体で皮脂汚れや汗などの弱酸性の汚れを中和して落とします。

セスキや過炭酸塩を使った洗濯方法はドラム式だけでなく、縦型全自動や二槽式でも有効です。

セスキ炭酸ソーダ、過炭酸塩の使用量は水30リットルに対して大さじ2杯が目安です。汚れの量と質を見て加減してください。どちらも溶けやすいので、洗濯機に水(できればお湯)と衣類を入れて通常の洗濯コースで洗濯してください。すすぎもラクですから1回で済ませる人もいます。心配なら通常の2回すすぎでOKです。

●汚れに応じたアルカリ剤を

さて中和となると気になるのがpH。

洗濯をするのに適したpHは、9.0〜10.5と言われています。pH9.0より低いと汚れ落ちが悪くなり、pH10.5より高いと繊維を傷める原因にもなります。セスキ炭酸ソーダはpH9.8の弱アルカリ性。ややマイルドなので20分以上、場合によっては一晩くらい浸け置きするときれいになります。過炭酸塩はpH10.5です。pHがやや高めなので浸け置きしなくて通常の洗濯で大丈夫。

過炭酸塩は粉末の酸素系漂白剤のことですが、10〜15分程度の洗濯時間では漂白は期待できません。しかし、高温で長時間浸け置きすると漂白作用があります。

Tシャツの脇の下が黄色くなってしまったものなど、40度~50度以上のお湯で20分以上浸け置きすると、徐々に薄くなっていきます。1回では無理でも、何度か繰り返すうちにキレイになった、という嬉《うれ》しい報告もいただいています。でも、アルカリ性がやや強いので金属が劣化することがありますから注意してください（P52参照）。

どちらもインターネット通販で買うことができます。お店の場合は、生協などで聞いてみてください。

アルカリ洗濯と言うと、重曹を使う方も多いのですが、重曹はpH8．2というとても弱いアルカリ剤です。研磨作用があるので、鍋の焦げ付きやレンジの固くなった油汚れをこすり落とすには向いていますが、洗濯をするにはマイルドすぎるのです。この性質を生かして、わざと石けんの洗浄力を落としてデリケートな衣類を洗う方法もあります（P62参照）。重曹だけで洗濯を続けていると黒ずみが出ることもあります。

軽い汚れには、セスキで簡単浸け置き洗い

セスキについての質問の中で、一番多いのが「浸け置き洗い」についてです。浸け置き洗いに関して、講演会や取材の場でいつも説明していたのですが、なぜか話がうまくかみ合わないことがあるのです。が、先日ある女性誌の編集者と話をしていて、意外なことがわかりました。

●セスキなら「サッポイピッ」でOK

私の考える浸け置き洗いは、洗浄剤に衣類を浸けてしばらく置くことです。衣類が洗浄液に浸かっていれば入れ物は何でもいいのです。浸け置きしたあと洗濯するわけですから、私は面倒のない「洗濯機の中で浸け置き」をするのが一般的だと思っていました。ところが、「浸け置き」というとバケツやたらいの中でするもの、と思っている人も多かったのです。たらいもいいですが、洗濯機の中で浸け置きする

ほうが面倒がありませんよ！

セスキはとても溶けやすいので、合成洗剤や石けんではご法度の「サッポイピッ」でもＯＫです。洗濯機に衣類をサッと入れ、セスキをポイ、洗いモードを選んでスイッチピッ。この後、20分～一晩までお好きな時間放置したら、あとは普通にすすいで干してください。

最新の洗濯機には「浸け置きモード」がついていないものが多いようです。でも、どんな洗濯機でも「洗い」だけ選べるようになっているはずです。「洗い」だけ選んで数分回し、そのあと放置すれば、衣類は洗浄液に浸かったままになります。それが「浸け置き」です。

再汚染したら？

長時間浸け置きすると、洗浄剤の中に出ていった衣類の汚れが衣類に再付着することがあります。

浸け置きした後すぐ排水するのではなく、排水の前にちょっと5分くらい撹拌（洗い）をしてみてください。衣類に再付着した汚れを振り払うイメージです。その後は洗濯機にお任せして、排水→脱水→すすぎ……という風にやればOKです。すすぎの回数は、私はたいてい1回で済ませていますが、心配な方は2回やってもいいですし、お好みで決めて大丈夫です。

セスキでも石けんでも合成洗剤でも、どんな洗浄剤でも再汚染の可能性があります。しかし、1回で真っ黒に再汚染されるわけではなく、何回か洗っているうちになんとなく衣類がくすんでくる、という程度です。セスキで再汚染を体験したら、次回はお湯の温度を高くするとキレイになります。または石けんを使ってしっかり汚れを落としてください。

「再汚染」は、言葉は恐ろしいのですが、解決策もありますし、自分の目と鼻と手で衣類を観察して、「汚れが落ちてないから次の洗濯では石けんを使おう」とか、「次回は温度を高くしよう」という工夫をしてくださいね。

大物も一気にキレイ「浴槽洗濯」

過炭酸塩（酸素《さんそ》系漂白剤）を残り湯に入れると、除菌効果で翌日までお湯が臭わず、しかもpH値が上がるため洗浄力もアップ。残り湯を翌日、洗濯機で使うための技です。

このやり方をちょっとグレードアップしたのが、過炭酸塩を使った浴槽洗濯。文字通り浴槽で洗濯することですが、同時に浴槽もきれいになるので一石二鳥です。

●浴槽の中でそのまま洗濯OK

やり方は簡単。お風呂の残り湯に過炭酸塩を大さじ4～5杯ほど入れます。そこへバスタオルやシーツなど、軽い汚れ物を入れて翌朝まで浸け置きします。翌朝、洗濯物を洗濯機に移したら、脱水↓すすぎ1回↓脱水でOK。

この場合、残り湯はだいたい浴槽の半分程度（100リットルくらい）を想定しています。

浴槽から洗濯機まで、ぬれた布類を運ぶのは重くてとても大変ですが、これにはちょっとしたコツがあります。

運び出す前に浴槽の栓を抜いて、先に排水してしまいます。その際、排水口にタオルなどが吸い込まれないよう、網の排水口キャップ（ホームセンターなどで売っています）を置くと、排水もスムーズです。小さなザルを逆さまに伏せて置いても大丈夫。たっぷりの水の中からシーツを引き出すより、ほとんど排水されてから引っ張り上げるほうが断然ラクですからね！

●軽い汚れに最適

さて、過炭酸塩は濃度や温度によってpH値が変わりますが、だいたいpH10．5程度のアルカリ性です。アルカリ性の液体は、汗や皮脂汚れなど酸性の汚れを中和して落としてくれます。

うちの夫が一日着たTシャツなどは汗と皮脂の量がすごくて、石けんを使わないとなかなかキレイになりません。でも、たとえば、お客さんが泊まったときに使ったシーツやタオルなどを洗うときは、この過炭酸塩での浸け置きが便利なんです。

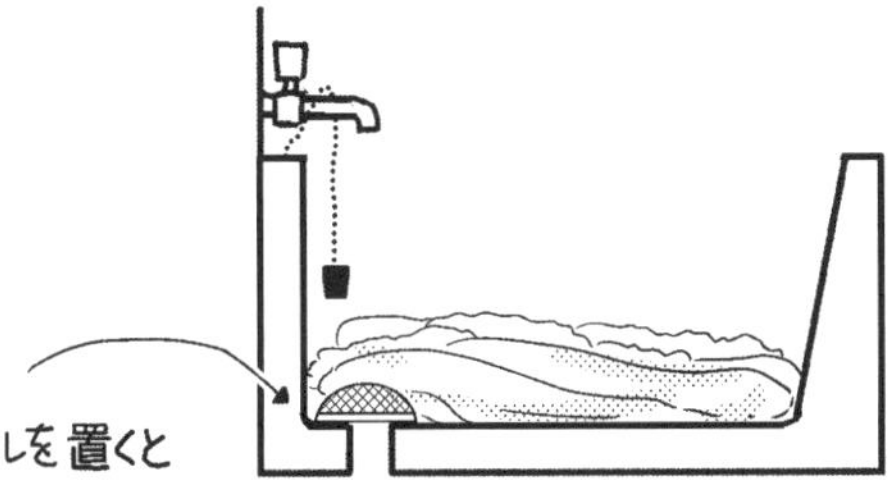
ココに
小さなザルを置くと
排水がラク

友達が4～5人泊まったとき、以前は5枚のシーツを洗うのがとても大変でした。一晩使っただけで、それほど汚れてもいない、だけどそのまま押し入れにしまうわけにもいかない。そんなとき、シーツ5枚とバスタオル5枚を全部浴槽に入れて、過炭酸塩で浸け置き洗いしたのです。このときは枚数が多かったので、残り湯も浴槽の3分の2程度にして、過炭酸塩も大さじ5～6杯ほど入れました。あまり厳密に量らなくても大丈夫。

こういうタオルやシーツなどは泥汚れなんかついてないため、もみ洗いもなし。ただ浸け置いて、翌日洗濯機で1回すすぐだけです。スッキリきれいになりましたよ！

コラム

セスキ炭酸ソーダについて

セスキ炭酸ソーダについての質問がとても多いので、まとめてお答えします。

●**使用量**

石けんや合成洗剤も、容器に必ず使用量の目安が書いてありますが、セスキも同じ。容器に書いてある使用量や、注意事項を読んで使ってみてください。

●**使い方**

衣類の浸け置きや、分け洗い、タイマー予約など、石けんや合成洗剤でやっているやり方と同じでOK。セスキは合成洗剤より断然溶けやすいので、繊維への残留性も低く、ほとんどの合成洗剤とpHも変わりません。安心して使って下さい。

●**浸け置き時間は常識的に**

合成洗剤を使って浸け置きし、タイマー予約で翌朝洗っている方は、セスキでも同じようにして大丈夫。その際、色移りしそうなものは入れないほうがいいですね。合成洗剤でも石けんでも、色移りしそうなものは分けて洗うのが定石です。色移りさせないためには

「分けて洗う」しかないのですから。

浸け置きの時間はお好きな時間、常識的な時間で大丈夫。私の場合、浸け置きしたのを忘れて丸二日くらい洗濯機の中に衣類を入れっぱなしのことがありました。木綿や化繊の丈夫な衣類ばかりだったので特に何の問題もなく洗い上がりました。しかし、これは「常識的な時間」とは言えません。「一晩浸け置く」とは、寝る前にセットして翌朝洗うのですから、日本人の平均睡眠時間である6~7時間程度（2~3時間前後しても大丈夫）が「常識的な時間」だと思ってください。

シルクやウールなどのデリケートな衣類は長時間の浸け置きはしないで、手早くサッと洗ってください。そもそもシルクやウールなどの衣類は洗濯機ではなく手洗いが向いています。優しく、手早くが基本です。

ネットに入れて洗濯機で洗えるシルクやウールもありますが、それでも、浸け置きは短時間にしてください。これは合成洗剤でも石けんでも同じ。たんぱく質系の繊維はアルカリ性の液に長時間浸け込むと固くなるのです。

デリケートな衣類、たんぱく質系繊維の衣類は、たらいにぬるま湯とセスキを入れて優しく押し洗いします。手で押し絞りし、すすぎはぬるま湯を2回ほど取り替えてすすげばOKです。

セスキはそんなに難しい物質じゃありません。どんどん試してみてください。

脱水専用機で干し時間短縮！

洗濯機の話は私のサイトや本でも、ウェブの連載でも反響が大きく、大人気です。みなさん、洗濯にはいろんな悩みがあるのだと思います。

「石けん洗濯には二槽式かドラム式をオススメします」とよく書く私ですが、縦型全自動では石けん洗濯ができないというわけではありません。全自動には全自動のよさがあり、ちゃんと石けんを使いこなしている方もたくさんいらっしゃいます。

そして、今回はもう1つ、洗濯をラクにしてくれて、節水にもなり、乾きも早くなるグッズをご紹介いたします。それは、脱水専用機です。

脱水専用機と言うだけあって、脱水しかできない機械ですが、力がとても強く、衣類をカラッカラに脱水してくれます。これを使うと、洗濯において脱水がいかに重要かということを実感します。

初めて全自動洗濯機を使ったとき、それまで使っていた二槽式と脱水力があまりに違うので驚きました。二槽式の脱水力はとても強く、カラッとした脱水具合です。干して乾くまでの時間も短くてすみました。ところが全自動の場合は脱水した衣類がじっとりしていて、乾くのにも時間がかかったのです。

私が数年前わざわざ二槽式に買い換えたのも、洗浄力が高いことと、この脱水力の強さがどうしても忘れられなかったからです。

脱水力が強いと洗濯物が早く乾きます。これがどれほど助かることか。長雨で外に干せない時期、部屋干しして扇風機で風を当てるだけで乾いてくれるのはありがたい。うちは梅雨時期に乾燥機を使わなくても十分乗り切れました。

洗濯物のシワは、予防に限る

「脱水力が強いと衣類がシワシワになりませんか？」という質問をよく受けます。

確かに、木綿の衣類は脱水槽から出したときシワシワですね。

どんな衣類も干す前に両手で持って勢いよく振ると、シワがそれだけで伸びてくれます。あとはイラストのように、シワを伸ばしたい部分に洗濯バサミで靴下などをつけて干すと、シャキッと干し上がります。

このほかに、「手アイロン」という方法もあります。まず洗濯物をパーンと大きく振り、大まかにシワを伸ばしたら、シワを伸ばしたい部分を手のひらに広げ、もう片方の手でその部分をパンパンと叩いたり、引っ張ったりするのです。ハンカチなどは4つ折にしてからやると手早くできます。シーツなども2つ折りか4つ折りにしてから大きく振り、そのあとさらに小さくたたみ、それを手でパンパン叩いて手アイロンをかけます。これを開いて干すと、ピシッと仕上がります。

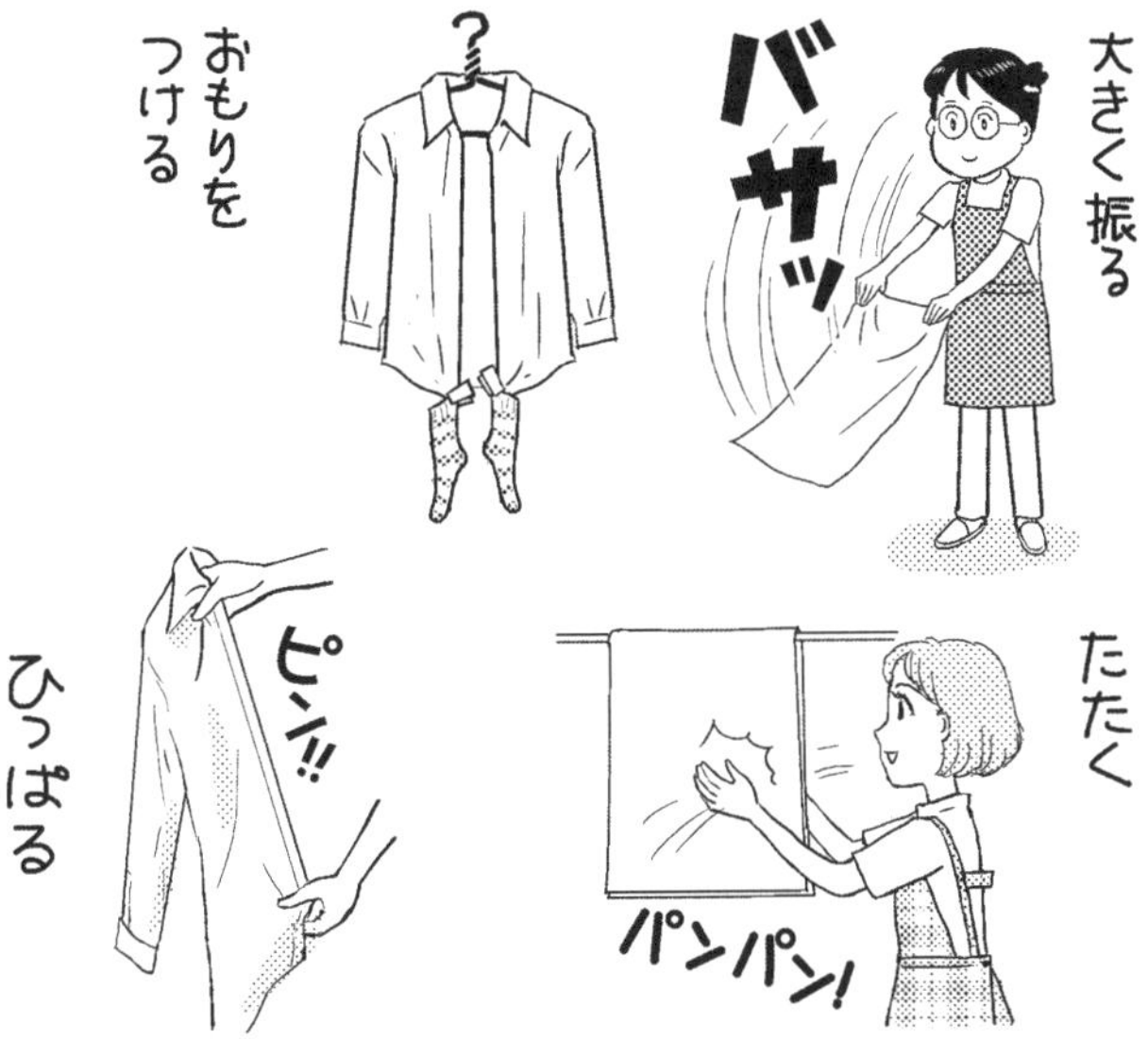

シワシワのまま乾いた衣類は、そのシワを伸ばすために電気アイロンをかけるしかありません。私はその手間がいやだから、干すときにひと手間かけるのです。縫い目のシワを引っ張って伸ばしたり手アイロンをかけたり。あとでガッチガチのシワを伸ばすためにアイロンをかけるくらいだったら、こっちのほうが１００倍マシです。

●干す前のアイロンで芯までピシッ!!

しかし、フリルやピンタックのついた木綿のブラウスやワイシャツ、折り目をつけたい木綿のズボンなどはやっぱり電気アイロンです。そのとき、乾いてからかけるよりも、脱水槽から出した時点でかけると、霧吹きの手間も要らず、本当にきれいにピシッとかかります。

木綿のスプリングコートを洗ったとき、脱水槽から出したときはシワシワ。これをこのまま干したら大変なことになると思い、その時点でアイロンをかけてシワを伸ばしました。完全に乾くまでかけなくても、要所、要所のシワを伸ばすだけでOK。ハンガーにかけて形を整えて干したら、完全に乾いたときはピシッと仕上がりました。

まだぬれているときにアイロンをかけると、繊維の芯まで水が含まれているので、シワがピシッと伸びます。乾いたシワを伸ばすのは至難の技で、霧吹きで水をかけて繊維の奥の奥まで水を含ませなければなりません。いったん乾いたものをぬらすのは二度手間だと思い、脱水槽から出した時点でアイロンをかけるようになったのです。この方が時間の短縮になるし、乾くまでの時間もさらに短くなります。薄手ブラウスなら干さなくてもいいくらいです。

シワが気になる方は、ぜひ脱水槽から出したときにアイロンをかけてみてください。Tシャツなどは手アイロン、ブラウスなら電気アイロン。脱水力が強くなってある程度カラッとしている衣類だと、本当にきれいにピシッとなります。

洗濯槽の黒カビ、一気に退治して二度と生やさない！

洗濯槽の黒カビ取り、やったことありますか？ これは梅雨の前にぜひ一度やってください。一度もやったことのない方は、カメラも用意して、どれくらいすごい量の黒カビが取れるか、ぜひ写真に撮ってください。驚くと思います。

やり方はいくつかありますが、**過炭酸塩（酸素《さんそ》系漂白剤）を使うやり方が一般的**です。イラストのように、洗濯槽に50度ほどのお湯を高水位で入れ、過炭酸塩を500〜800グラムほど景気よく投入し、洗いの最長時間で攪拌《かくはん》します。これを夜までに何度か繰り返します。とにかく何度も何度も繰り返し攪拌することが大事です。そして翌朝まで放置。

翌朝、洗濯機のふたを開けると、そこには黒カビ、通称「ピロピロワカメ」がどっさり浮いているはずです。目に見えるものはネットなどでザッと取り、また攪拌して、排水、脱水します。この脱水は必ずやってください。強い回転で、洗濯槽の裏側にこびりついている黒カビが物理的にはがれやすくなります。その後、きれいな水を入れて、ゴシゴシモードの洗濯コースを一通りやって終わりです。

50度の温水に過炭酸塩を入れているのですから、一晩放置するときは、漂白したいシーツなどを入れてもOK。ただ、はじめてやるときは、かなり汚いピロピロワカメが取れますから、布巾などのきれいな物は入れないほうが無難です。

頑固な黒カビはこのワンコースだけでは取れなくて、何度か繰り返してようやく取れた、という人もいます。

●クエン酸も使って根こそぎ!

過炭酸塩だけではもうひとつだ、という場合は石けんカスが、がっちり固まっていることが考えられます。そういうときは一度クエン酸を使ってみましょう。洗濯槽にぬるま湯を高水位まで入れ(お風呂の残り湯で十分)、クエン酸を大さじ2~3杯投入して、何度も攪拌。一晩置いて翌朝また攪拌、排水、脱水をします。アルカリ性の石けんカスが固まっているところに、クエン酸で中和すればはがれやすくなります。

洗濯槽クリーニングのやり方

高水位でお湯をためる
過炭酸塩をドバッと入れる

かくはん(「洗い」だけ)
を何回かくり返す

一晩置く

翌日 洗い→排水→脱水をし、きれいな水ですすぐ

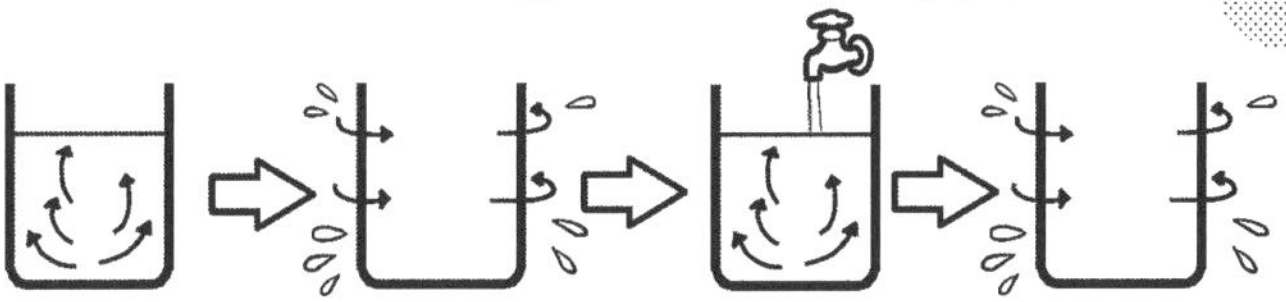

アルカリ性の過炭酸塩が発泡しつつ黒カビを
はがしてくれます

効果がイマイチのときは汚れの表面が
石けんカス(アルカリ性)でがっちり覆われているのかも

クエン酸で
汚れを中和して
やわらかく
しましょう

ぬるま湯に
クエン酸を入れて
よくかくはん
何回かくり返すと効果的

一晩置き
翌朝またかくはん

洗い→排水→脱水のあと
きれいな水ですすぐ

しかし、まだ黒カビの汚れは残っています。こちらは酸性なので、その後また過炭酸塩を使うといいでしょう。

●よく溶かす＝黒カビ発生解消の術

洗濯槽の黒カビは、石けんや合成洗剤の溶け残りが主な原因です。

洗濯槽の裏側にカビが生えていると、衣類を洗濯しても、ニオイがすることがあります。落ちきれていない皮脂汚れが部屋干し臭の原因ですが、汚れが落ちていても、黒カビがあれば、そのニオイも付いてしまうのです。乾いているときはわからないけれど、ちょっとぬれたり、汗をかいたりすると急に臭うタオルやシャツは、黒カビのニオイかもしれません。

洗濯機の黒カビ退治をして、きれいな衣類で夏を迎えましょう！

ライフスタイルに合わせて洗濯機を選ぶ

二槽式洗濯機がほんの少し人気を盛り返しているそうです。

洗浄力が高い、節水になる、分け洗いがラク、などの理由からもともと根強い人気があったのですが、それでも「手間がかかる」ということからユーザー数は人口の5％しかいない、いや3％だ、と年々減り続けていたのに、ちょっと盛り返していると聞いてうれしくなりました。

私もいろいろな洗濯機を使ってきましたが、節水面では二槽式がダントツ。一度使った洗濯液やすすぎの水を使いまわしできることが大きな節水要因です。

しかし、いちいち衣類を脱水槽に移したり、脱水槽から洗濯槽へ戻すのは確かに面倒です。

全自動洗濯機は、たとえばお子さんを幼稚園に送りに行っている間に洗濯をすませたいという人にはとても便利です。

また、私の友人は3階建ての二世帯住宅に住んでいて、洗濯機が3階にあります。「50歳を過ぎた頃にはひざが痛くて階段を上るのがいやになって、全自動にしたの」と言っていました。

生活のスタイル、家の構造、家族構成などで洗濯機の便利度は変わってきます。自分にとってどれが便利か、よく考えて洗濯機を選ぶといいでしょう。

●石けん洗濯には二槽式か水平ドラム式！

「石けん洗濯に向いている洗濯機はどれですか？」という質問をよく受けますが、私はいつも二槽式かドラム式をオススメしていました。

ドラム式は、特にお湯が使えるタイプだと、洗浄力はバッチリですし、洗濯機を離れてまかせっきりにしても大丈夫。

水平式のドラム式なら、ドラムの中に衣類と石けん（炭酸塩配合のもの）を入れてスイッチを入れるだけでOKです。

しかし国産ドラム式には〝泡消し機能〟というものがついていて、せっかくの泡を

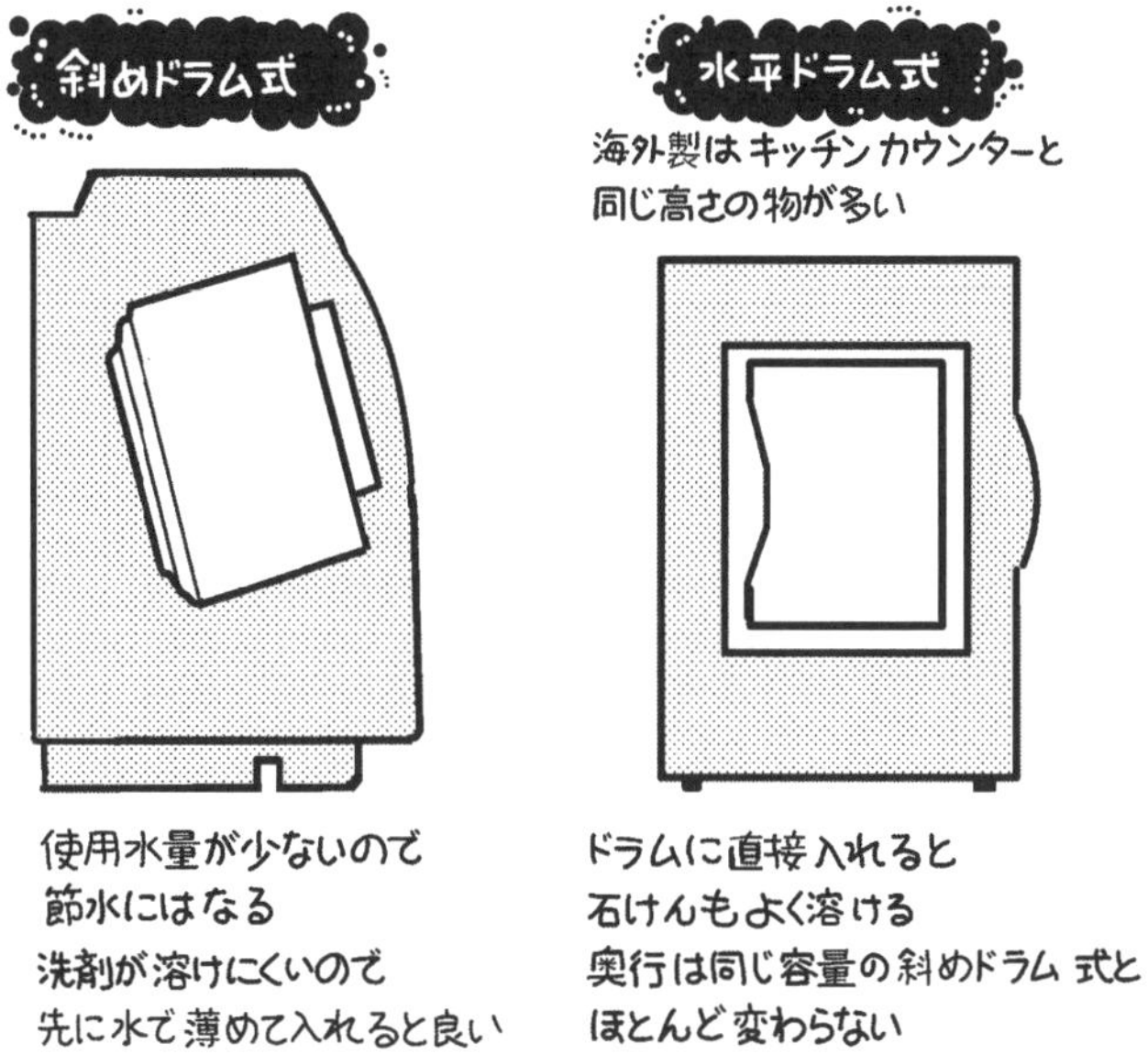
斜めドラム式
使用水量が少ないので
節水にはなる
洗剤が溶けにくいので
先に水で薄めて入れると良い
水平ドラム式
海外製はキッチンカウンターと
同じ高さの物が多い
ドラムに直接入れると
石けんもよく溶ける
奥行は同じ容量の斜めドラム式と
ほとんど変わらない

消してしまう機種が出てきました。

また、斜めドラム式は節水しすぎでよく洗えないことも。32ページの「斜めドラム式」の使い方と、86ページのコラムを参照してください。

ドラム式を買うなら水平型。国産より海外製に多いのですが、使いやすさ、洗い上がりはとてもよく、石けん洗濯に向いています。

コラム

〝洗浄〟を極めれば、ニオイもムダもなし！

日本の洗剤と洗濯機の進化は、ちょっとヘンな方向へ進んでいるのではないかと心配しています。

洗剤の最大の目的は「汚れを落とすこと」ですが、最近の洗剤は「節水」「エコ」を売りにするものが多くなっています。でも、洗剤は「節水」が最大の目的ではありません。洗剤に求められる機能は、まず「洗浄力」です。時短や節水が最大の目的ではありません。汚れが落ちてなんぼ、なんです。

洗濯機も同じです。「洗浄力」が、求められる機能の一番目に来るはずなのに、今の洗濯機は「節水」が一番の目的になっているようです。次が「静音」、その次に「コンパクト性」、そして「スタイリッシュさ」。洗浄力はその後に来ているような気がします。

●節水しすぎで本末転倒

友人から面白い話を聞きました。彼女は5年前に当時の最新式節水型の斜めドラム式洗濯機に買い換えたのですが、ある日、洗濯が終わっていざ干そうとしてふたを開けてみると、洗濯物の上部が濡れていなかったのだそうです。つまり、使用水量が少なすぎて、洗濯物全部が水没していなかったのです。波しぶきすらかからないくらい少量の水だったというわけです。それって、確かに「節水」はしているのでしょうが、「洗濯」にはなっていないということですよね。それ、本末転倒じゃないでしょうか？

また、極端な節水型の洗濯機を使っている人たちは、メーカーの言うとおりの使い方では衣類に黒ずみが出るし、ニオイも取れないという悩みを抱えています。

そういう方たちには洗濯物の量を半分以下に減らしてみてくださいと教えると、たいていそれでOKなんですね。洗濯の回数が増えるので全然節水にならないのですが、汚れを落とすという本来の目的にはかなうのですから、喜んでやっているようです。

結局、洗剤も洗濯機も、メーカー推奨のやり方では落ちないので、みなさんいろいろ工夫しています。メーカーは、消費者の手間を省かせてあげようと思って「すすぎが1回ですむ洗剤」や「節水、時短になる洗濯機」を開発しているはずです。でも、それは決して「洗浄力アップ」にはなっていません。進化しているはずの洗濯機が実は退化しているのです。おかげで襟汚れに何かを塗りつける手間や、ニオイをごまかすための柔軟剤を入れる手間が増えてしまいました。なぜそんな皮肉なことが起きているのかというと、それは「洗浄」の基本を無視しているからだと思います。

●基本を守れば柔軟剤いらず

洗浄の基本とは、「臨界ミセル濃度」「洗浄液の均一化」「浴比」「温度」などのことですが、これ、昔の人ならちゃんと知っていました。よく泡立つ量の石けんや洗剤を使うこと、よく溶かして溶け残りを出さないこと、衣類が泳ぐ程度の水を使うこと、水温は皮脂がよく溶ける体温程度の温度にすること。でも、こういうわかりやすい言い方だと、かえって「古臭い」とか「迷信臭い」と思われるかもしれませんね。

実際、昔の人の意見は「古臭い」と一刀両断、切り捨てられて、理屈先行でいろんな洗剤や洗濯機が開発されてきました。

しかし、それは決して洗浄力アップにはなっていなかったのです。だから日本は今、洗濯物がクサいのを「仕方がない」「これが普通」と思い込んで、強い香りの洗剤や柔軟剤でごまかそうとするような社会になってしまったのではないでしょうか。

洗剤や柔軟剤の香料で気分が悪くなった、というクレームが年々増えているそうです。メーカーの推奨するやり方ではなく、洗濯前に洗剤を10分攪拌して、柔軟剤いらずの生活をするほうが、私はエコだと思うのですが。

2章

汗、髪、体臭…もう気にならない！

――さわやかに香るあなたに変身――

セスキミントで汗すっきり、夏をさわやかに

現代は空前のデオドラントブームです。

デオドラント商品は、汗や腋臭などの不快なニオイを防ぐため、脇の下に直接スプレーしたり塗りつけたりするもので、皮膚の上でバクテリアが繁殖するのを防ぐ殺菌剤や、物理的に汗の分泌を抑制する塩化アルミニウムなどが配合されています。これらの商品は確かに私が子供の頃から売られていましたが、最近はスプレータイプだけでなくロールオンタイプ、ゲル、シート、ミスト、固形（糊状）、粉末など、さまざまな形と種類が出てきています。

2013年夏、環境省がクールビズの一環として、制汗剤、香り付き柔軟剤、冷却スプレー、汗拭きシートなどの使用を推奨しました。蒸し暑い夏にはこういった商品でさわやかに過ごしてもらいたいとのことでしょう。しかし、のちにこの4点は「化学物質に過敏な人への配慮が必要だった」として、取り消したのです。

そうなんです！　こういったデオドラント商品や高残香性（香りが長く残る性質）の柔軟剤は、その香料の強さや、含まれる化学物質によって健康被害を訴える人もいるのです。

では、どうやったら汗のニオイを消してクールに過ごせるかというと、あるんですよ、いいモノが！

●ほのかな香りで女子力アップ

それは**セスキミント**です！

作り方は超簡単。**50〜100ミリリットル入りのスプレーボトルにセスキ炭酸ソーダ（重曹でも可）を小さじ2分の1杯程度と、ハッカ油をホンの少し入れただけ**の物ですが、これで汗を拭くとスッキリします。

弱アルカリ性のセスキ溶液なら、汗や皮脂などの弱酸性の汚れを中和して落としてくれることと、ハッカの清涼感のある香りが爽やかさを生みます。

どのくらい効果があるか、実例を二つご紹介します。

私の友人の娘さんFちゃんは小学5年生。体育の授業のあと、クラスメイトが制汗剤を使うようになったそうです。友人はFちゃんにセスキミントを持たせました。制汗剤を使うより汗そのものがキレイに取れるし、ハッカの清涼感のある香りがほのかにします。

しばらくすると、クラスメイトの間から「Fちゃんはいい匂いがする」という評判が立つようになったそうです。体育のあと、制汗剤や汗拭きシートを使ってもかすかに汗のニオイがする中、Fちゃんだけミントの香りがしてさわやかだ、何を使ってるの？　とみんなに聞かれたとか。いい話でしょう？

もう一つは、大学生の男の子です。体がとても大きく、人一倍汗っかきなので、夏は制汗剤をバンバンスプレーしていました。バイト先の更衣室では、彼が入った後は目がチカチカするほど制汗剤が充満していると言われていたそうです。彼にセスキミントを教えてあげたら、「こっちのほうが爽やかだし、安いし、いいですね！」と大喜び。彼は制汗剤を大量に買っていたので、セスキミントでものすごく節約になると言っています。

ハンカチにシュッと吹きつけて
汗をぬぐうとスッキリします
シュッ
さわやか〜♡
直接スプレーしてもOK

大学生も小学生も、安心して使えるセスキミント、いいでしょう? 化学物質過敏症の人にも気兼ねなく使えるし、ハッカ油の清涼感は実際に体感温度を少し下げるという効果もあるのだそうです。

熱帯夜もひんやり過ごせる、セスキミント利用法

ハッカに含まれるメントールを皮膚につけるとひんやりします。清涼感のある香り、というだけでなく、身体が涼しく感じるという効果があるのは、夏にはありがたいですよね。そういえば、姉がお風呂にハッカ油を入れたら、ドバッと入ってしまい、スーッとするどころか寒くて寒くて大変な目にあったとぼやいていたことがあります。

この、ハッカ油の「冷感」を感じる効果と、セスキの弱アルカリ性という性質は、ニオイだけでなく、熱帯夜を乗り切る最強のコンビです。上手に使って熱帯夜を乗り切りましょう。

湿度が高い日は汗が体にまとわりついてなかなか乾いてくれません。人間の身体は、汗が乾くとき気化熱によって体温が奪われることで体温を下げています。汗が乾かない日はとんでもなく蒸し暑く感じるのをみなさんも経験していることでしょう。保湿化粧水をつけて肌がしっとりするときも（これは女性にはうれしい効果ではあります

が）、蒸し暑く感じます。ある蒸し暑い夜、お風呂に入ったあと、うっかり保湿化粧水をたっぷりつけたら、しっとりしたのはいいけれど、なんとも顔がベトベトしてものすごく蒸し暑く感じました。顔だけじゃなくて肘《ひじ》や膝にもつけたので、手足もムシムシして、体全体に汗をかいてしまいました。これではとても眠れません。

ここでセスキミントの出番です！

まず、せっかくつけた保湿化粧水ですが、これを洗い流すことにしました。顔につけたものは残すにしても、体につけたものは洗い流さないと汗が引きませんからね。といっても、「セスキミント」を洗面器に作ってかぶるだけです。洗面器にぬるま湯をため、セスキ炭酸ソーダ（なければ重曹でもＯＫ）を小さじ2分の1杯ほど入れ、ハッカ油を1滴加えます。よくかき混ぜてサッと体にかぶるだけですが、弱アルカリ性のセスキ炭酸ソーダが、化粧水や汗をさっぱりと流してくれます。

さらに、ハッカ油が体をひんやりさせてくれるので、さっきまでのベタベタ、ムシムシした暑さがスーッと解消しました。あとはそのままタオルで拭いて出てください。せっかくの清涼感をまたシャワーで洗い流すのはもったいないですからね。

それから、ハッカ油を細いリボンなどの布に少量つけて扇風機に結びつけると、メントールの香りのする風が吹いてきます。2~3時間後に切れるようタイマーをセットして布団に入ると、さっきまでの寝苦しさがかなり解消され、冷房に頼らずに眠ることができたんですよ！

熱帯夜を少しでも爽やかに過ごすために、ぜひ「セスキミントのかけ湯」と「ハッカ油リボンの風」、やってみてください。かけ湯は本当にさっぱりして、肌がサラサラしますよ。

ただし、あまり蒸し暑いときや、ご高齢の方は、無理せず冷房を上手に使ってくださいね。油断すると熱中症の恐れもありますから。

本当の香りのおしゃれを考える

洗濯の章でも書きましたが、衣類の汚れがきちんと落ちていないと、汗などでぬれたとき、急に生乾きの雑巾のようなニオイが立ち上ってきます。

これを「あっ! 自分の体臭だ!」と思う人たちがどんどんデオドラント商品を使い、どんどん売れていく、という循環ができているのではないでしょうか。

●本当の香りのオシャレは、自分が作るもの

「香りを楽しむ」ことや「香りのオシャレ」というのはステキなことです。それがちゃんとできる人はおしゃれの上級者だと思います。でも、その香りが強すぎるとまわりは困ってしまいます。

お寿司屋さんやレストランに強い香水をつけて行くのは料理の香りや味に影響を与えてしまうのでマナー違反ですよね。私が高校生のころのファッション雑誌には必ず

そういうことが書いてあり、それは今でも通用するマナーだと思うのです。しかし、3メートル先からプーンと香ってくる柔軟剤や合成洗剤の香料のことは誰も言いません。

日本の洗剤や柔軟剤は、以前は柔らかな花の香りが好まれていたのに、最近はもっと濃厚なものが好まれるようになったと、あるテレビ番組で見かけました。実際、柔軟剤は、「フワフワ感はよくわからないけど、香りが強くて大好き！」という人もいて、愕然《がくぜん》としました。柔らかくするための柔軟剤なのに、その機能より香り重視とは！

●親しい人だけに〝いい香り〟

香りを楽しみたいのなら、**自分の好きな香水やオーデコロンを使うほうが「本当の香りのおしゃれ」**ではないでしょうか。そして、できればその香りは自分のまわり数センチくらいにほのかに香る程度が一番オシャレな気がします。数センチというのがミソです。誰かを抱きしめたときに香るのが「数センチの香り」です。親と子、恋人同士、友だち同士が相手を思いやって抱きしめるとき、いい香りがしたら嬉《うれ》しいでしょう（それ以外ではあまり他人の香りは嗅《か》ぎたくない、と私は思うのですが）？

私はよく髪に香水をシュッと一吹きしてからゴムで結びます。香りは結び目の中に閉じ込められているので拡散せず、自分だけにほのかに香ります。天然香料の香水だと全然長持ちしないのですが、この方法だとちょっと長持ちするのも嬉しいですね。

髪につけるのは香水のルールからはずれるのですが、肌の弱い人にはオススメです。

髪が短い人はコットンパフにちょっと一吹きして、それをブラの中に入れておくという方法もあります。可愛《かわい》い布で小さな袋を縫って、それに香水をつけたコットンパフを入れる簡易香り袋もいいですよ。

こうやって自分の身のまわり数センチの香りを楽しんでもらいたいな、と思います。

ちなみに、お花だけで作った天然香料の香水は、香料アレルギーのある私の夫も「これなら大丈夫だ！」と言います。高価なブランドものの香水を海外土産でもらってつけていたときは、すぐ「鼻がかゆくなる！」「頭が痛くなる！」と不平不満だらけでした。ところが、天然香料のオーデコロンを買ってみたところ、これだと「いい香りだなあ、本物の花畑みたいだ」と、まったく不満が出ませんでした。

天然香料は長持ちしないのが欠点だと言われていますが、私はそれがいいところだと思っています。すぐ分解される、すぐ消えるもののほうが、身体にも影響が少ないのですから——。

石けんでシャンプー、頭のニオイ解消！

最近、若い女子友だちから「頭がクサいのが悩み」という話を聞きました。脂クサくて、毎日シャンプーしているのになかなか取れないと言うのです。それも1人や2人ではありません。頭皮がクサい悩みを持っている人の話はネット上でもけっこう見かけます。

原因は頭皮の皮脂汚れがキチンと落ちていないこと、だそうです。汚れがちゃんと落ちていないから臭うし、かゆみも出る、だから毎日洗う。毎日洗っているからキレイになっているはずだ、という思い込みから頭皮をしっかり洗わない。だから頭皮には取りきれない皮脂がどんどん残る。ニオイも出る。だから毎日洗わねばならない……。という悪循環が起きています。さあ、この悪循環、石けんで断ち切りましょう！

よくぬらしてモコモコ泡立てがコツ

私の友人に「固形の浴用石けんか、洗顔用石けんで洗うとニオイが取れるよ」と教えたところ、最初は半信半疑、というより全疑いの目で見られました。でもある日、思い切って使ってみたそうです。結果、「ニオイが取れてびっくり！　髪もサラサラです！」という驚きのメールが入りました。

たいていの人が、固形石けんで髪を洗うとゴワゴワになり、ねっとりベタベタしたり、最悪の洗い上がりになります。実は私もコツをつかむまではそうだったのです。

コツは、泡を盛大に立てること。そのためにはまず、髪をじっくりぬらしてください。地肌までじっくりぬらして、石けんを地肌にたっぷりつけます。このとき、1回でつけようと思わず、頭全体に石けんを移動させながら満遍《まんべん》なくつけていきます。石けんだけをべっとりつけるのではなく、ときどきお湯をすくって髪にかけながら、指の腹で地肌を揉むように洗うと泡がモコモコ立ってきます。

この泡は、今までシャンプー剤を使っていた頃の2倍から3倍くらいの泡を立てるつもりでやってみてください。頭皮の汗や皮脂汚れがこれでどんどん取れていきます。たっぷりの泡じゃないと、洗い上がりがゴワゴワ、ネトネトします。

クリーミーなしっかりした泡が立ったら、地肌をよーくマッサージして地肌の汚れをしっかり落としましょう。髪の汚れは、実は地肌の汚れがほとんどで、髪の先のほうはほとんど汚れていませんから、地肌をきれいにするのが洗髪の最大の目的です。

地肌がきれいになったら、髪の長い人は目の粗いブラシで髪を梳《す》いてみてください。このとき髪が絡《から》まるようなら泡不足。泡が潤滑油の役目をするくらいたっぷりあればOK。

ブラシをかけるときは必ず、まず毛先から。毛先1センチくらいをとかし、次は2センチくらいにと、徐々に地肌の方へ近づけます。最初に地肌近くからブラシを通そうとすると髪がものすごくもつれます。最初は毛先1センチから、これが鉄則です。

髪の指通りがよくなったら、手でお湯をすくって地肌にかけ、クリーミーな固い泡をゆるくします。ゆるい泡がタラタラと顔に垂れてくるくらいになったら、シャワーですすぎます。洗面器のお湯をザバッとかけても大丈夫。固い泡のままだとすすぎが大変ですが、**泡をゆるくしてからだとラクにすすげるのです**。

石けんで髪を洗うとすすぎが大変で、お湯をどんどん使ってしまう、と言う方も多

石けんシャンプーのコツ

地肌まで
じっくりぬらす

石けんを頭全体に
たっぷりつける
二刀流だとスピードアップ
モコモコの
クリーミーな泡をたてる

お湯を少し足しながら
モミモミして
泡をゆる〜くする

目の粗いブラシで
とかすとスルスルします

からまりやすい人は
まず毛先1cmからとかすこと!

泡がゆる〜くなったらシャワーですすぐ

お湯の流れにそって
ブラシをかけながら
すすいでもOK

いのですが、最初の泡が不足しているとすすいでいる途中もネトネトして、お湯を盛大に使ってもなかなかサラサラしません。

また、泡をゆるくしないで固い泡のままお湯をかけると髪の根本のほうの石けん分がなかなか落ちず、これもお湯をたくさん使う原因になります。

とにかく、盛大な泡、そして泡をゆるくする、これを心がけると実は石けん洗髪はとても節水になるんですよ!

お酢リンスで髪サラサラ

お酢でリンスをするのは科学的な理由があります。髪の表面にあるウロコ状のキューティクルは、水にぬれたりアルカリ性のものに触れたりすると開くという性質があります。でも、この**キューティクル、酸性のものに触れると一瞬で閉じるという性質もあります**。だから、**酸性のものをかけてキューティクルを閉じてあげれば髪がサラサラ**、指通りがスーッと滑らかになります。

ですからリンスは酸性のものなら何でもOK。私はいつもお酢を使っています。「お酢のニオイがしないのですか？」とよく聞かれますが、すすげばすぐに落ちます。

市販のシャンプーやリンス、トリートメント剤は、残留性が高く、一度すすいだだけではなかなか取れません。そのせいか、お酢のニオイも残ると思うのでしょうが、すすげばサッと落ちますから安心してください。

●香り付けして楽しんでも

お酢の場合、私は洗面器半分のお湯に大さじ1～2杯のお酢を加えて髪を浸していますが、目分量で大丈夫。あまり濃いともったいないし、あんまり少なくてもキューティクルが閉じにくいし、これは何回かやって、自分でちょうどいい分量を見つけてください。お酢入りお湯を満遍なく髪にかけて、あとはシャワーですすげばサラサラです。

クエン酸の場合は、水300ミリリットルにクエン酸大さじ2杯ほど加えたものをペットボトルに作っておきます。これをお酢と同じように、洗面器半分のお湯に大さじ1～2杯加えて使ってください。

私はお酢のボトルにハーブを入れたり、精油を加えたりしてちょっと香り付けをすることもあります。クエン酸溶液のボトルにも自分の好きな精油を加えてもいいですよ。ただし、市販のシャンプーやリンスのように長く残りませんが。いつまでも肌や髪に香料が残留することより、身体への影響は少ないですから、私はこのほうが潔くて好きです。

保湿効果抜群! ハチミツシャンプー

石けんは脱脂力が強く、皮脂汚れをすっきり落としてくれますが、脱脂力が強いということは、元々乾燥肌の人は地肌の乾燥がひどくなり、かえって過剰に皮脂を分泌して吹き出物ができることがあります。

私も一時期洗いすぎでそういう症状が出たことがありました。そんなときは無理して石けんを使用せず、他の洗浄剤を使ってみてください。例えば日本女性が昔から使ってきた海藻を使った洗髪剤があります。「こんぶとふのり」は、なかなか普通のお店では売ってないようですが、インターネット通販で手に入ります。

●甘い香り、泡もクリーミーに

今すぐ、自宅にあるもので髪や地肌をしっとりさせたい、という方にはハチミツをオススメします。食用だけでなくヘアケア用にひとつあると便利なんですよ。

使い方は、まず髪を地肌までじっくりお湯でぬらし、ハチミツを適当に手のひらにとり、地肌にぺたぺたつけます。そこへ固形石けんを地肌に軽くこすりつけ、マッサージするように地肌を洗います。ときどきお湯を足したり、石けんを足したりしながら、泡がたっぷり立つように洗うのはいつも通り。ハチミツの甘い香りがして、泡もいつもよりクリーミーになると思います。

ハチミツは保湿剤の代わりになりますから、いつも使っている石けんが保湿効果のある石けんに早変わり。この泡で洗顔すると、これまたしっとり洗いあがります。

私がハチミツを使い始めたのは、最初はフケ対策でした。真冬の乾燥した時期に石けんで洗うと、地肌がカラカラに乾き細かいフケが出ることがあるのですが、ハチミツを使うと洗浄力がマイルドになり、地肌もカサカサせず乾燥フケが治まったのです。

ハチミツ入りの石けんが市販されていますが、たいてい乾燥肌用と書いてあります。これは乾燥フケにもいいのでは？　と思い、自分で加えてみました。確かに乾燥を抑えてくれて、しっとりしましたよ。

「石けん洗髪がうまくいかない！」方へ

シリコン入りのシャンプーだと、髪がコーティングされるので一見ツヤツヤになります。洗っている最中も指がスルスル通るので、髪を傷めていないような気になります。しかし、最近「ノンシリコンのシャンプー」が人気です。なぜでしょうか？

シリコンが髪にずーっと残ると、使っているうちにゴワゴワ固くなるのだそうです。また、そのシリコンもいずれは洗い流されるのですが、そのときにキューティクルを一緒にはがしてしまうのでかえって髪が細く、切れやすくなったという人もいます。ノンシリコンのほうが長い目で見ると髪を傷めないのです。人気が出てきたのもわかりますね。

ノンシリコンのシャンプーなら、石けんシャンプーはいかがですか？　石けんはもちろんノンシリコンですから！

しかし､石けんでシャンプーするのはハードルが高いと敬遠する人が多いのも事実。そんな人は、Tさんの経験談を読んでみてください。

Tさんは出産を機に石けん生活をしてみようと、手始めに石けんシャンプーを買ってみました。以前、固形石けんで洗髪する方法を勧められたけど、使用感がとても悪く、挫折した経験があります。その後はずっと合成洗剤系のシャンプーを使っていたのですが、今度は最初から液体の石けんシャンプーだし、これならうまくいくだろうと、期待して使ってみたところ……。

ものすごくたくさんの量を使わないと泡が立たない！　洗い上がりもそんなによくない！　と、期待外れだったようです。そこで私にSOSです。

私のアドバイスは、合成洗剤系シャンプーを使っている人が石けんに替えると、それまで使っていた合成洗剤が髪に残留しているので、それが落ちるまでは量がたくさん必要になりますが、その段階をクリアするとうまくいくはずですよ、というもの。

Tさんは、そんなに髪に残留しているものなのかなあ、と思いつつ、けっこう高い石けんシャンプーだったので、これを使い切るまではとにかく使ってみるか、というあきらめの気持ちで使い続けました。

さて、この石けんシャンプー、2本セットだったのですが、1本目を使い切るのがやたら早く、すぐなくなりました。2本目を使い始めてからしばらく経って、「あれ、2本目はずいぶん持ってるな」と感じたそうです。そして、2本目が終わるころ、ふと気づくと、泡がたくさん立つし、洗い上がりもサラサラになっているではありませんか！

すぐに私にメールが来て、「2本目からはうまくいってます！」と喜んでくれました。

固形石けんで髪を洗うのはハードルが高すぎる、と思う方には、液体の石けんシャンプーをオススメします。最初はすごくたくさんの量を使うし、これじゃあもったいないと思うかもしれません。でも、時間がたつと、うまく洗えるようになります。

そして、何度も書きますが、地肌までじっくりぬらす→たっぷりの石けん→たっぷりの泡→それをゆるくしてからすすぐ、この手順を踏めば、石けんでサラサラのキラキラ髪になります。シリコン入りのシャンプーに負けない洗い上がりと手触りも夢ではありません。その上ニオイもしないし、いいことづくめですから！

石けんで入浴、身体のニオイを落としましょう！

友人の看護師さんが話してくれたのですが、彼女のお友達にワキガの人（仮にAさんとします）がいて、「石けんでよく洗うとニオイが取れるよ」と教えたら、あとからすごく感謝された、ということでした。

普通は「あなたワキガでしょ、クサいわよ」なんてとても言えないのですが、彼女は看護師さんということもあり、医学的な話をきっちりして、「ワキガのニオイの元は汗などの分泌物で、たいていは弱酸性。だから弱アルカリ性の石けんをよく泡立てて洗うこと、これでニオイは激減するから！」と、励ましつつ教えたのだそうです。

Aさんは中学生の頃から市販の香りの強い合成洗剤系ボディソープを使っていました。高校生ぐらいになると、脇のニオイが気になるようになり、そのボディソープでゴシゴシこするように洗ったのですが、今度は肌が荒れたり、かゆくなったりするので、優しく洗っていた、とのこと。20代半ばに、看護師さんに勧められ、最初はびっくりしたAさんも、実際に石けんをよく泡立てて脇の下を丁寧に洗うようにしたら、確かにニオイが軽減したそうです。そしてセスキミント（90ページ参照）も使うようになってからは、もうほとんど脇のニオイに悩むこともなくなったのだそうです。

看護師の友人に聞いてみましたが、実際にAさんのワキガは今は全くと言っていいほど気にならなくなったそうです。

すべてのワキガが石けんで治る、とは言いません。でも、合成洗剤系のボディソープではなかなか落ち切れないニオイの元も、石けんのほうがよく落ちます。

それから、石けんは皮膚に残留しにくいという特質をもっています。合成洗剤はどうしても皮膚に残留しやすいのですが、石けんはすすげばすぐに流れていきます。石けんは皮膚への負担が少ないと言われますが、これが理由の一つです。

別の友人は、5歳の娘さんとお風呂に入るとき、以前は合成洗剤系のボディソープを使っていたのですが、石けんに替えてから「娘が、お股が痛くない、って言うようになったのよ」と笑っていました。以前は痛かったのか、とびっくりしました。石けんのほうが皮膚に浸透しないので、いろんなトラブルも少ないのでしょう。石けんでゆっくりお風呂タイムを楽しみたいですね！

セスキで「お風呂タイム」をゆったり楽しむ

心のコリをほぐし、豊かな気持ちになれるのがお風呂です。

体を洗う石けんも、季節によって香りを変えてみるのも楽しいものです。夏はハッカの石けんを使うとさわやかで、体もひんやりします。真冬だとハッカは寒すぎるくらいですから、夏限定ですね。

冬はローズやカモミール、ココナッツの甘い香りはいかがでしょうか？　夏よりも重厚で甘い香りが合うと思います。

日本のお風呂だとちょっと難しいかもしれませんが、バスタブの周りにアロマキャンドルを置いて、ほのかな明かりの中でアロマの香りを感じながらお風呂にゆったりつかるのもいいですね。洋画によく出てくるやりかたです。

入浴剤も主成分が重曹やセスキ炭酸ソーダといったものがあります。

温泉では重曹泉が有名で、市販の入浴剤に重曹が使われることがよくあります。重曹泉は美人の湯とよく言われます。これは弱アルカリ性のお湯が皮脂や角質を柔らかくし、汚れを落としてくれるので肌がきれいになり、美人になりますよ、という昔からのキャッチフレーズです。

セスキ炭酸ソーダも市販の入浴剤の主成分の一つです。それで私は入浴剤の代わりにセスキ炭酸ソーダをお風呂に入れています。

セスキを浴槽のお湯に大さじ1～2杯入れて、夏ならハッカ油を1滴入れるのもさわやかです。市販の物だと香料がきついこともありますが、無臭のセスキなら、自分の好きなアロマオイルを入れて好きに香りを付けられるし、とても便利です。好きな香りで、自分好みの「美人の湯」を作りましょう！

昔ながらの方法として、冬にみかんや柚子の皮を入れるのも、よく考えたら入浴剤の一つですね。米ぬかを一つかみ、布袋に入れてお湯に入れるのも体が温まります。洗い流さずそのまま上がってもいいし、最後にシャワーをかけて洗い流してもいいでしょう。それはお好みでやってみてください。

コラム

セスキはこんなところで買える！

セスキは、正式にはセスキ炭酸ソーダと言います。

「アルカリウォッシュ」「セスキ炭酸ソーダ物語」という商品名で売られています（他にもいろいろあります）。大手スーパーや薬局、ドラッグストア、生協、百円ショップ、自然食品を売っているお店などで売っています。

でも、一番確実なのはインターネット通販です。セスキ炭酸ソーダで検索すると、多くのネットショップがヒットしますので、ぜひ検索してみてください。

実店舗で買う場合、薬剤師さんでも知らない場合が多く、「ソーダ」とついているからか、お店の人が「苛性ソーダ」と間違えることがあります。炭酸塩（炭酸ソーダ＝炭酸ナトリウムと同じもの）も、苛性ソーダと勘違いされることが多く、アルカリ剤の存在はまだまだ広まっていないのだなあと、ちょっとがっかりもしています。

ハッカ油は北海道北見のものが有名ですが、特にこだわらなければたいていどこの薬局でもドラッグストアでも置いてあります。私のオススメはスプレータイプの容器に入ったもの。割高ですが、一つあるとセスキ溶液を作った容器にシュッとスプレーできるし、便利です。なくなったら広口の瓶入りを買って詰め替えもできます。

広口の瓶入りハッカ油は、一滴だけ使いたいというとき、口から垂らして入れようとするとドボドボと大量に出てしまうので要注意。爪楊枝《つまようじ》をハッカ油に浸して、先端から一滴垂らすとか工夫すれば、大量に入りすぎることもありません。

石けん歯みがきでお口スッキリ！

「石けん歯みがき」という言葉を聞くと、たいていの人が「石けんで歯を磨くなんて信じられない！」と思うようです。でも、普通の市販の歯みがき剤には合成洗剤成分が入っていますから、正しく表記すると「合成洗剤歯みがき」ということになります。石けんは合成洗剤とは違う物質ですから、石けんメーカーは自信と誇りを持って「うちの歯みがき剤には合成洗剤成分は入ってません。石けんなんですよ！」という意味で「石けん歯みがき」という表記を使うのです。

石けん歯みがきは、歯をみがいた直後に何かを食べたり飲んだりしても味が変わりません。合成洗剤歯みがきを使ったあとは、お茶を飲んだりすると味がヘンになりますが、これは合成洗剤成分が歯や舌の表面に残留しているからです。何回も口の中をすすいでも、なかなか取れません。でも、石けんはちょっと薄まっただけで物に染み込む力を失うので、口をすすげばすぐに取れます。

歯医者さんで歯を1本ずつ丁寧に磨くよう指導されますが、これをきちんとやると、1回の歯みがきが20分以上かかることもあります。私は石けん歯みがきを使っているので、どれだけ長く歯みがきしても、そのあと味が変わることはありません。これはとても便利なことで、歯みがきのあとすぐに食事の支度をしても大丈夫！　味覚を大事にするソムリエの方や調理師の方たちにもオススメです。

歯の表面を覆うエナメル質は、とても丈夫な物質なのですが、酸に弱いという困った性質があります。酸性の食べ物だけでなく、糖質を口の中の細菌が分解すると酸に変わり、それが歯の表面を弱くします。食事のあとすぐ歯みがきするのを避けて、30分～1時間ほど待ってからするよう指導する歯医者さんもいます。

それを聞いて以来、私は、時々、重曹を溶かした水でうがいをすることにしました。酸性に傾いた口の中を中和するのが目的です。重曹は優しい研磨剤になりますから、歯ブラシにつけて歯みがきする人もいます。

ある日、ふと、重曹がＯＫならセスキでもいいかも？　と思い、セスキを溶かした水でうがいをしてみました。重曹よりもちょっとしょっぱく、薄苦く感じましたが、飲み込むわけではありませんし、うがいをすると口の中がすっきりしました。このあと石けん歯みがきで丁寧にブラッシング。いつもより早く歯がスベスベになりました。

重曹よりpHが高いことを心配する方もいますが、ごく薄いセスキ液は口の中の酸で中和されます。セスキのpHは肌や粘膜に害を与えるほどの高さではありません。

セスキは掃除用として売られているものなので、口に使うのは自己責任です。ただ、重曹やセスキは「用途を明記しなければ売ってはいけない」という決まりがあるので掃除用となっていますが、食用との違いはほとんどありません。この「ほとんど」をどう考えるかは次の項を読んでください。

●「掃除用」という表示のものを入浴剤で使える?

掃除用のセスキを入浴剤として使ったり、うがいに使うことの是非が、よく話題にのぼります。

重曹の場合、食品レベル、掃除洗濯レベル、工業用レベルとありますが、精製度(不純物を取り除いた度合い)は、食品レベルで98~99%、工業レベルで95~98%です。

工業用も、もし不純物が入っていたら何かと不都合が出ますから、食品レベルとほぼ変わらない純度になっています。

あとは、工場で精製するときに、食用レベルだと容器は床ではなく台の上に置く、工業用だと床に置いてもいい、というような違いがあります。しかし、工業用のものだって、床がとんでもなく汚れている工場で作られているわけではありません。そもそも純度98％を保つには清潔な工場じゃないと無理です。

というわけで、食用だろうが工業用だろうが、中身はほとんど同じです。しかもセスキや重曹は無機塩類で、毒性なしです。それでも用途を明記しなければならないという法律があるので、何々用という用途が書いてあります。用途を入浴用、食品用と広げて表記するためには申請が必要で、しかもお金がかかります。

単価を安くするためあえて申請せず、掃除用と明記してあるけれど、中身は食用と同じレベルですよ、と言うメーカーの方もいます。

というようなことを知っていると、掃除用と書いてあっても、お風呂に入れることに別にためらいは感じません。セスキは無香料、無着色ですし、うがいも私は自己責任、自己判断でやっています。もし心配な方、気分的にイヤな方は食用の重曹を使うといいでしょう。

肌を伸ばしてアワアワ洗顔

洗顔は、石けんをたっぷり泡立てて、アワアワで洗う、ということが基本中の基本です。たっぷりの泡で洗うと、ザラザラして毛孔が目立っていた私の肌でも毛穴が目立たなくなりました。でも、ここまでくるにはちょっとした紆余曲折がありました。

最初はアワアワで洗いさえすればいいと思い、泡は確かにたっぷりでしたが、時間が短すぎました。これでは効果が出ません。

私の友人は40代なのに20代と間違われるほどの美肌の持ち主ですが、彼女の洗い方を見ると、顔だけで3～4分以上かかるくらい、時間をかけて丁寧に洗っているのです。たいていの人が「そんなに洗って肌が傷まない?」と驚くのですが、彼女曰く、「傷まないように、優しく洗うの」だそうです。

私もその言葉を聞いて、**たっぷりの泡で優しく優しく、3分以上かけて洗う**ようにしたら、頬の毛穴が目立たなくなりました。

しかし、ふと見ると、私のアゴ、唇のすぐ下が、触るとザラザラしています。ちょっと思い立ってデジカメの接写モードで超アップの写真を撮ると、嫌なことに白いブツブツがたくさんありました。パッと見にはわからないけれど、これにはガッカリです……。ふと、肌を伸ばして洗ってみようと思い立ちました。口の中から舌で唇の下をグッと押して、顎の肌を伸ばしてからアワアワでしっかり洗ってみたのです。

これを5日ほど続けてみたところ、なんと、白いブツブツが小さくなっていました！10日後、15日後と、デジカメで写真を撮ってみると、一目瞭然、アゴの毛穴も小さくなっているし、ブツブツがすっかり消えていました！

唇のすぐ下はくぼんでいるのでなかなかきれいに洗えない部位だと思います。舌で押すとくぼみが延びるので、指先の当たりかたもダイレクトで、マッサージ効果もあると思います。小鼻の辺りは鼻の穴に指を突っ込んで肌を延ばして洗うという人もいるそうで、それをアゴにも応用してみました。

デジカメの接写モードという文明の利器を使って美肌追求、いくつになってもこういうことは面白いですね！

一晩でツヤツヤ〝おいしい〟かかとケア

乾燥しやすい冬、かかとがガサガサになっていませんか？　今は冬だけでなく、夏もガサガサかかとの人を見かけます（私の姪っこですが）。これはイカンと、私がかかとケアを教えました。

これは以前、テレビでも紹介したこともある方法です。ものすごく効き目があるので、ぜひみなさんやってみてください。

やり方は簡単。まず、お風呂に入ってかかとをきれいに洗います。お湯にゆっくり入ってかかとを柔らかくしておきましょう。

湯上りで多少なりとも柔らかくなったかかとへ、ハチミツをつけます。「ええっ、ハチミツを？」と驚かないでください。ハチミツの保湿成分が肌をしっとり柔らかくしてくれるのですから。量は小さじ1杯くらいでしょうか。たくさんつけすぎるとベタつきますから。

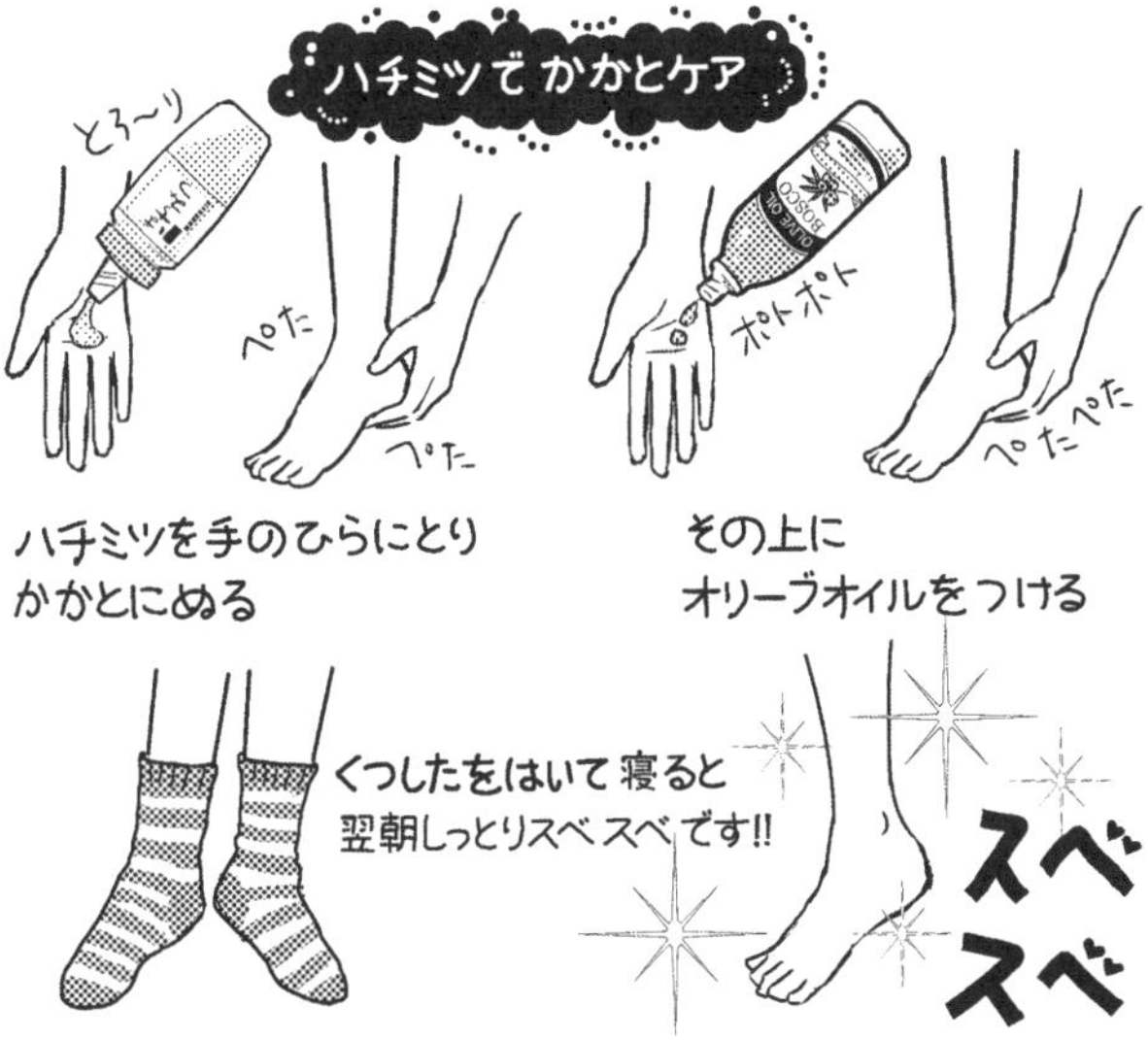
ハチミツでかかとケア
とろ～り
ぺた
ぺた
ハチミツを手のひらにとり
かかとにぬる
ポトポト
BOSCO
OLIVE OIL
ぺたぺた
その上に
オリーブオイルをつける
くつしたをはいて寝ると
翌朝しっとりスベスベです!!
スベ
スベ

そのあと、今度は手のひらにオリーブオイルを取り、かかとに塗ります。「えええ～～～っ！　ハチミツのあとにオリーブオイルを!?」と、驚くことでしょう。「ベタベタしないの!?」という疑問もわくことでしょう。でも、大丈夫なんです！

私が初めてこの方法をやってみたとき、自分でも驚きました。ハチミツを塗ったときはちょっとベタつきました。しかし、オリーブオイルを塗ると、なぜかサラサラになったんです！

とはいえ、そのまま布団に入るとシーツや毛布にオイルが付きそうですから、私はいつもすぐ靴下をはきます。一晩はいて寝ると、翌朝はツヤツヤしっとりです。

●「男のかかと」も一晩で…

なぜハチミツやオリーブオイルをかかとにつけようと思ったのか。美容知識の豊富な友達に美肌を保つコツを聞くと、たいてい「化粧水などで潤いを与え、そのあとクリームやオイルなどの油分で潤いが乾かないようにカバーする」という方法を教えてくれます。私もそれを応用して、乾いたかかとをハチミツで保湿し、それが乾かないようオイルをつけたわけです。

この「保湿＋オイルカバー」の方法で、私のかかとは50代とは思えないくらいツヤツヤしっとりです。近所の60代のご夫婦に教えてあげたら、二人ともやってみて、特にご主人のガサガサ&カッチカチだったかかとが一晩でスベスベになったと驚いていました。男性はかかとが固くなるのは仕方がないこと、と諦めていたようですが、「やればオレのも柔らかくなるんだなあ」とシミジミ言っていました。

オイルは手近にある他のものでOKです。ハチミツも安いものでOK。ただし、1歳未満の赤ちゃんはボツリヌス菌の耐性がないので、乳児には使わないでください。

高いフットケア商品を使わなくても、スベスベかかとがあなたのものになりますよ！

3章

ナチュラルに暮らす「キッチン」の秘密

——“中和”が決め手です！——

キッチンは楽しい実験室
ナチュラル&サイエンスを実感しましょう!

家の中から合成洗剤が一切なくなり、石けんとアルカリ剤だけで家中をきれいにし始めてもう20年以上経ちました。

石けんの洗浄力の高さに驚き、周りの人に勧めてみても、みなさん最初は「石けんって環境にはいいけれど、汚れ落ち悪いし……」とか、「ベタベタするからイヤ」と断られることがほとんどでした。

高齢の方（昭和30年代に初めて合成洗剤を使った世代）の中には、石けんに対してものすごく否定的な感情をお持ちの方もいました。昭和30年代は合成洗剤が出始めの頃で、石けんは古臭いもの、合成洗剤は化学の力でなんでも落とす素晴らしいもの、という宣伝が心にしっかり染み込んだのだと思います。

確かに石けんは使い方にちょっとしたコツが必要です。そのコツを身に付ければ素晴らしい洗浄力が手に入るのですが、親や祖父母世代が石けんを否定したので、コツや古い知恵の伝承が途切れてしまいました。

実は「古い知恵」は、ただの古臭い話ではなく、科学的にとても理にかなったことを平易な言葉で表現しているだけなのです。昔、母や祖母が話していたことを、現代の目で洗いなおすと、なんと科学的なんだ！　と驚くことがたくさんあります。

食器を洗うときや洗濯機の中で汚れが落ちていく過程は、身近な化学現象であり、それでいて石けんはとてもシンプルな物質です。基本的に油脂と苛性ソーダ（水酸化ナトリウム）だけで出来ています。液体石けんは油脂と苛性カリ（水酸化カリウム）で作られています。石けんの化学名は脂肪酸ナトリウムと脂肪酸カリウムで、この2つしかありません。

この単純な物質が汚れをどうやって落とすのか、その現象が一番よくわかるのが、キッチンです。

さあ、キッチンで洗浄の科学を実感しましょう！

台所まわりで大活躍「とろとろ石けん」

今までもあちこちで書いていますし、講演会でもテレビでも話していることなのですが、この本で初めて石けんを使い始める方もいらっしゃるでしょうから、私が愛用する「とろとろ石けん」についてお話ししておきます。

とろとろ石けんとは、洗濯用粉石けんをお湯、または水で溶いたもの。適当な容器（お味噌の空きパックなども可）に粉石けんを入れ、とろとろになる程度に水を加えてかき混ぜます（だいたいの目安としては、粉石けんコップ1～2杯に対して、お湯を1リットル程度）。だまができても大丈夫。洗うときに、つぶせばいいのです。

最近は、この「とろとろ石けん」を「プリン状石けん」と言っている方もいますが、要は同じものです。

食器洗いにも使えるし、換気扇洗い、レンジ周りの掃除にも使える優れものです。

●洗濯用粉石けんで食器を洗うことについて

石けんは基本的に、掃除用、洗濯用、台所用、浴用など、用途は違えども中身は同じ脂肪酸ナトリウムです（液体石けんは脂肪酸カリウム）。粉末でも固形でもジェル状でも液体でも、すべて脂肪酸ナトリウムか脂肪酸カリウム、この二つしかありません。どんな形であっても素晴らしい洗浄力を持っています。

台所用、浴用、洗顔・洗髪用などは直接肌に触れるので、あえて洗浄力をマイルドにするためにグリセリンなどの保湿剤を配合することもあります。

洗濯用には洗浄力を長くキープするための炭酸塩（炭酸ナトリウム）が配合されています。

昭和30年代に合成洗剤が世に出てきたとき、洗剤は用途を明記しなければ売ってはいけない、という法律ができました。同じ洗浄剤である石けんもその法律の下、用途を明記しなければならなくなりました。ですから、洗濯用粉石けんも台所用石けんも中身は同じなのに、用途別に売られているのです（香料だけは、台所用は食品添加物レベルの物を使っています。もし気になる方は、無香料を使えば、中身は同じです）。

●石けんと合成洗剤の見分け方

粉石けんというと、粉末の洗濯用の合成洗剤をイメージされてしまう方がいらっしゃいますが、石けんと合成洗剤の見分け方は、パッケージの表示。「石けん」と書いてあれば、石けんです。あとは「脂肪酸ナトリウム」（液体の場合は「脂肪酸カリウム」）「石けん素地」という言葉が入っていれば、それは石けんです。合成洗剤には「洗剤」と書いてあります。

無添加石けんは、香料や炭酸塩が入っていない石けんで、洗浄力がややマイルドです。「炭酸塩」は石けんの洗浄力を上げるためのもので、素晴らしいヘルパーの役目をします。換気扇などの強い汚れを落とす場合は、炭酸塩配合のものを選んでください。

ビールが美味しくなる、グラスの洗い方

私の友人が芝大門でバーをやっているのですが、この友人に石けんで食器を洗うことを提案してみました。飲食店では厨房に大きなシンクが設置してあります。このバーにも二つの大きなシンクがあり、一つには濃い石けん液を作ってもらいました。飲食店ではたいていお湯を使うので、この石けん液もお湯です。

使用済み食器やグラスをゴムベラなどで軽くこすって石けん液にどんどん浸け込み、その中でスポンジでこすると、ベタベタの脂汚れのお皿もすぐツルツルになります。それを隣のシンクに出してすすげばＯＫ。

しばらくするとそのバーのグラスがとてもきれいになり、ビールの味まで違う！という評判が立つようになりました。

石けんの威力と、合成洗剤の残留性の高さを知らない人にはにわかには信じがたい話かもしれませんが、本当の話です。

私が石けんを使う理由は、洗浄力の高さはもちろん、「物に残留しにくい」という特長があるからです（208ページ参照）。石けんは脂汚れと結びつく力が強く、汚れをどんどん分解します。しかし、汚れと結びついた石けんはすぐに洗浄力（物に染み込む力）を失います。これを、「失活する」と言いますが、失活した石けんはすぐに流れていき、グラスや食器に残留しません。汚れと戦って相手を打ち負かし、でもすぐに去っていく、とても潔い性質です。

合成洗剤は汚れと結びつく力がそれほど強くありませんが、薄めてもその力がなかなか失われません。なかなか失活しないのです。すると、一回サッとすすいだくらいでは流れていかず、食器やグラスの表面に残留します。洗剤成分が残留していると、食べ物のニオイや油汚れなどが染み込みやすくなり、何年も同じグラスを使っていると徐々に曇っていきます。少しずつ曇っていくので、なかなか気づきませんが。

石けんできちんと洗えば曇りもニオイもないグラスになりますから、ビールが美味しく飲める、というわけです。

食器洗いはタワー方式。節水というオマケつき

さて、このやり方を家庭でも応用してみましょう。

とろとろ石けん（130ページ参照）をスポンジにとって洗うのが私の家のやり方ですが、市販の液体台所用石けんを使ってもOK。しかし、石けんを使うにはコツが二つあります。

第一のコツは「泡がたっぷり立つ状態で洗うこと」です。今までの合成洗剤と同じ程度の量を使うと泡立ちが悪く、汚れ落ちも悪くなります。スポンジにとろとろ石けんや液体石けんをつけ、盛大に泡を立てて、モコモコ泡で洗ってください。

第二のコツは、石けんのついた食器を水に浸けないこと。これは大きなポイントです。

石けんの泡がたっぷりついている食器を水に浸けると、石けんが薄まり、石けんカス（金属石けん）になってしまいます。汚れも分散して水中に漂い、それが食器に再

付着してしまうのです。だから石けんで洗った食器は水に浸けず、すすぐまで水がかからないところに置いておくほうがきれいに仕上がります。

食器を全部洗い終わったら、水道の蛇口の下に置いて、タワー方式で上から順にすすぎます。

●節水になる洗い方「タワー方式」

タワー方式とは、石けんや合成洗剤で洗った食器を蛇口の下にタワー状に積み重ね、上から順番にすすいでいくやり方です。これだと最初の一枚をすすいでいる水が下の食器の泡も流してくれるので、最後のほうはほとんど泡が残っておらず、サッとすすぐだけできれいになります。石けんは泡切れがすごくいいので、タワー方式で何の問題もありません。

石けんユーザーの中には「石けんで洗った食器は水がついてはいけない」と勘違いして、一枚ずつすすぐ方も多くいますが、「水に〝浸けて〟はいけない」のであって、「水が〝付いて〟はいけない」というわけではありません。水を付けずにすすぐことは不可能ですよね。付いた水が流れていくときに、石けんカスも流れていくので、流

タワー方式とは食器をつみあげてタワーにすることです

水で洗えばいいだけの話です。

石けんを作っている団体や生協のパンフレットに「すすぐときは水がかからないようにし、流水で洗うこと」と書いてあるそうですが、これは誤解を生む表現だと思います。

正しくは「すすぐ〝まで〟は水がかからないようにし、流水で洗うこと」です。

今まですすぎを一枚ずつやっていた方に教えてあげたら「気持ちが明るくなりました!」とお礼を言われました。石けんは汚れ落ちがすごくいいんだけど、一枚ずつすすぐと全然節水にならないなあ……と思って悩んでいたそうです。でも、タワー方式なら節水になる!　と嬉しそうでした。

余談ですが、洗ったあと、水に浸けるのは合成洗剤のやり方です。合成洗剤は水に浸けておいて少しでも薄めてからすすぐほうがいいのです。このやり方を石けんでやってしまうと、先に書いたように、ベタベタした洗い上がりになり、「石けんって汚れ落ち悪いなあ」と思う人が出てくるわけです。

石けんと合成洗剤は別の物質ですから、洗い方、すすぎ方を変えてくださいね。そうすれば、驚きの洗浄力が手に入ります！

すすぎはお湯のほうが泡切れもよくすっきり仕上がりますが、最初の石けんでの洗いがキチンとできていれば水ですすいでも大丈夫。洗いもすすぎもお湯でやることが多い冬はあまり失敗がないのですが、意外に夏場のほうが水で洗うのですっきりしない、と言う人もいます。そんな人には、次に紹介する「熱湯浸け置き」をオススメします。

熱湯浸け置きで食器もお玉もピカピカ

もし、お宅にちょっと曇っているな、と思えるグラスや頑固な茶渋のついた食器があれば、一度、食器クリーニングをやってみませんか?

やり方は簡単です。熱湯を洗い桶にため、粉石けんを入れてお玉でかき混ぜて溶かし、そこへ食器を浸け込むだけ。

手が浸けられるくらいに温度が下がってからスポンジで洗うと、軽くこすっただけで油汚れがスルスル落ちます。いつものとろとろ石けんよりも、もっともっと汚れ落ちが良くて、グラスの曇りが一気に取れます。

お玉や泡立て器の付け根のところがくすんでいても、浸け置きしてからちょっとこすると、このくすみもきれいに落ちます。

さらに、汚れがきれいに落ちただけでなく、すすぎが冷水でもOKというおまけがつきます。

●三角コーナーやゴミ受けにも使える！

洗い終わっても洗い桶にはまだ温かい石けん液が残っています。これにはまだまだ十分な洗浄力があるので、捨てるのはもったいない。

ガスレンジ周りを磨いたり、排水口のゴミ受けやバスケット、三角コーナーを浸け込んでブラシでこするとすぐにきれいになります。温かいうちに排水口へ流すと、排水パイプもきれいになります。

実際に熱湯石けん液を使ってみて、薄茶色のガラス食器だとばかり思っていたものが実は透明のガラスだと判明したことがありました。夫の実家で何十年も合成洗剤で洗い続けていた食器だったのですが、子供の頃から徐々に茶色になっていたので、夫もそういうものだと思い込んでいたのです。

熱湯石けん液で美しく透明に生まれ変わったガラス食器は、手触りも違いました。比較のために一つは浸け込みせず残しておいたのですが、茶色いほうはベタッとしています。いろんなものが残留しているのですね。

コラム

石けんで洗うと速く乾くのはなぜ？

石けんで食器を洗うようになってから、乾くのが速くなった、という話をよく聞きます。これは、石けんだと食器の表面に何も残留していなくて、水がスッと流れていくからでしょう。

石けんで洗った食器と合成洗剤で洗った食器、どちらも乾いたものを用意して、水をかけてみる実験をしました。石けんで洗ったものは水が表面張力で丸い水滴になり、コロコロ転がっていきました。合成洗剤で洗ったものは丸い水滴にならず、全体にベターッと広がりました。これが、合成洗剤が表面に残留している一つの証拠です。

石けんも合成洗剤もどちらも界面活性剤で、界面活性剤は水の表面張力を小さくするという効果があります。洗剤が残留していると表面張力が小さくなり、水滴が出来にくいのです。そのおかげで水がスッと流れにくく、乾きが遅くなるというわけです。

これは劇的に違うというよりは「なんとなく速くなったな」とか、「なんとなく水滴がコロンとしてるな」という程度ですが、よかったらじっくり観察してみてください。

茶渋…漂白剤を使わなくてもきれいになるコツ

合成洗剤から石けんに替えると、最初のうちはヌルヌル、ベタベタしてきれいにならないと、やめてしまう人がたくさんいます。

これは食器に合成洗剤成分やいろんなものが残留していて、それと石けんが結びついてヌルヌルするためです。そのヌルヌルを落とすためには石けんもたくさん使わねばなりません。それで嫌になる人が多いようです。

でも、まれに、「石けんに替えたらすごくきれいになりました！」と、一回でうまくいく人もいます。この差は何だろうといろいろ聞いてみると、二つの特徴がありました。

一つは、合成洗剤の時から泡をたっぷり立てて洗っていたこと、力を入れてキュッキュッとこすりながら洗っていたことの二つです。うまくいった人は石けんに替えてからも泡が立たないと思えば石けんを足すし、汚れが落ちないと思えばゴシゴシこす

少し力を入れて
こすると
きゅっ
きゅっゴシゴシ
きれいに
なったー!!

っていたようです。

手触りがヌルヌルするなら石けんを足してまた洗う。**もったいないと思う前に、汚れが落ちるまで洗う。**これができれば石けんでうまく洗えます。

また、合成洗剤で洗うときスルスル〜となでるように洗うと、茶渋が取れません。一回では付かなくても、何回か洗っているうちに茶渋が付きます。これは、石けんでキュッキュッとこすりながら洗うと、軽いものならすぐ取れます。

友人の家で「茶渋は石けんでこすると落ちるよ」と言って実演して見せたら、びっくりされました。「茶渋は漂白しないと落ちないと思ってた」とのこと。茶渋を塩素系漂白剤で漂白すると、確かに色は落ちますが、じつは茶渋の汚れそのものまで落ちたわけではありません。

牛乳を飲んだあとに、牛乳のたんぱく質が凝固したものが付いている場合がありま す。スルスル洗いでは落ちません。このカップに紅茶やコーヒーを入れると、たんぱく質の汚れ部分に色が付きます。これを漂白すると、色は落ちますがたんぱく質の汚れは落ちないままですから、次に使うときまた茶渋が付いてしまいます。

グラスやカップに付いている茶渋は、色だけ落とすのではなく、きちんと汚れを落としましょう。

そのためには「熱湯石けん液浸け置き」もいいですし、毎日洗うときにちょっと力を入れてキュッキュッとこすり洗いしてください。ピカピカになりますよ！

漆器はちょっと〝気を付ける〟だけで、ずっと美しい

漆器は石けんで洗うと曇りが出ることがあります。漆の表面と石けんカスは結びつきやすく、曇りが出やすいのです。

それで、うちでは漆器はお湯と「びわこふきん」だけで洗うことにしました。これは和紡布《わぼうふ》とも呼ばれるデコボコした布巾で、繊維のデコボコが汚れをかきとってくれるので、洗剤や石けんを使わなくてもきれいになります。これで洗うようにしたらくすみが取れてツヤが出てきました。

また、「洗ったらすぐ拭く」というのも大事です。食べ終わった漆器を水につけておいても大丈夫ですが（本体に傷がないかぎり）、洗ったらすぐ拭くこと。水滴が乾くとき、白い水アカが残ることがありますから。

漆器はちょっとした気づかいで、何十年も持ちます。

洗ったらすぐに柔らかい布で拭くこと、衝撃に弱いのでぶつけたりしないこと、テ

ーブルの上で引きずらないこと、表面が柔らかいので研磨剤は使わないこと、などです。

これを「面倒くさい」と思わないでください。手塩にかけた漆器は、買ったときよりもしっとりした光沢を放ちます。そして、何よりいいのは、ぶつけない、引きずらないということを心がけると、それが美しい所作になるんです。お椀を箸で引っ張るとか、ドスンとテーブルに置くとか、そんなことをしたらせっかくの漆器が傷つきます。もったいないですよね。

換気扇もたちまちピッカピカの石けん術

換気扇の汚れって見るのもイヤ！ 触りたくない！ そう思っている方は多いことでしょう。しかし、実はそういう頑固でキツイ汚れのほうが、落としたときに素晴らしい充実感を得ることができます。

炭酸塩配合の石けんを使うと、本当にびっくりするくらい簡単に、しかも超きれいになります。べったりこびりついた油汚れをスルスル落としてくれます。

私は講演で毎回、換気扇を洗って見せています。20年間一度も洗っていない換気扇や、ラーメン屋さんの換気扇に分厚くこびりついた汚れがみるみる落ちるので皆さん、目を丸くして驚きます。

泡をしっかり立てて洗うだけで、どうしてこんなに汚れがスルスル落ちていくのかというと、**石けんは油汚れと相性がいい**んです。組成的に「親和性が高い」と言いますが、**油とくっついて分解してしまう力が実はとても高い**のです。しかも手が荒れに

くいという特長があります。（208ページ参照）

●**汚れは落ちるが手は荒れない！**

換気扇を洗うとき、用意するものは、洗濯用粉石けん（炭酸塩配合のもの）とスポンジ、あれば古歯ブラシ、お湯、これだけです。お湯というのは給湯器の蛇口から出るお湯（40度前後）です。わざわざヤカンで沸かさなくても大丈夫。

換気扇の汚れがベタベタするような軟らかい油汚れでしたら、テレホンカードや古いクレジットカードなどでこそぎ落としておくと効率アップ。あとは換気扇をお湯でぬらして粉石けんを振りかけ、スポンジでこするだけ。

または、粉石けんをスポンジにかけてちょっともんでなじませてから換気扇を洗ってもOK。どちらでもOKです。細かな部分は古歯ブラシを使うといいでしょう。

油汚れが乾燥して硬くなっている場合は、洗い桶などにお湯をため、粉石けんを大さじ1～2杯溶かし、そこへ1時間でも浸けこんでおくと、石けん液に浸かっている部分の油汚れがきれいに落ちていきます。お湯の温度は高いほうがよく落ちます。

今は換気扇もシロッコファンという、ドラム式の複雑な形状のものが多くなりました。これは洗いにくいのが難点で、タワシやブラシを使ってもなかなか細かな部分がうまく洗えないので、石けん液の浸け置きをオススメします。浸け込む前に熱湯をかけて汚れを軟らかくしておくと、さらに効果的です。

布巾の悪臭解消法　その1「干す」

居酒屋やファストフード店に行くと、布ではなくて不織布の布巾でテーブルを拭くお店が増えました。テーブルに残った使用済みのお絞りを流用する場合もありますが、仕上げは不織布の台拭きです。その台拭きがビショビショでプンと臭うことが……。

●ぬれた布巾は部屋干しと同じ

以前はうちの布巾も悪臭を放つ時代がありました。この悪臭は、布巾に残っている汚れに微生物が繁殖して臭うのです。部屋干しのニオイと同じメカニズムですね。しかし、今ではうちの布巾はどれも臭いません。それは、汚れをしっかり落とすことと、洗ったら必ず干すことを心掛けているからです。

洋服と違って台拭きはテーブルや流しやガス台を拭くためのものですから、汚れの度合がケタ違いです。チャチャッと軽く洗う程度では汚れが蓄積していきます。特に、とにかく干す場所を作る!

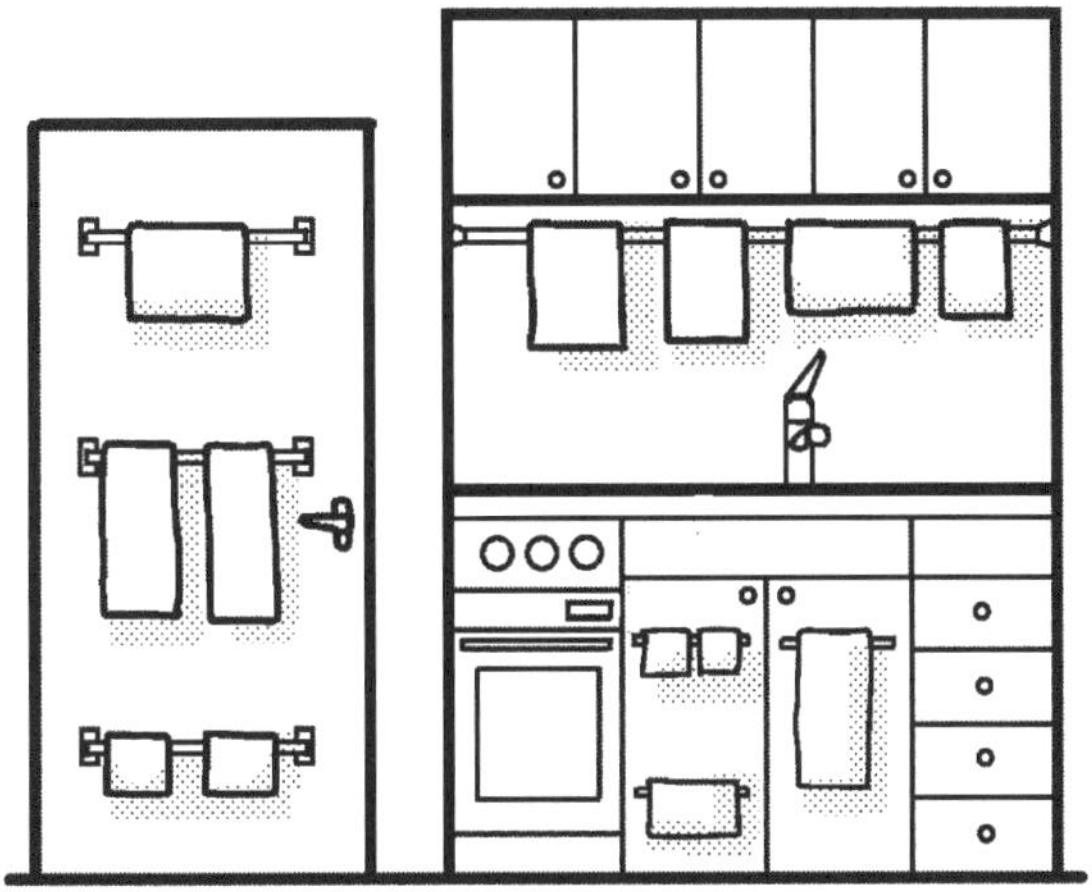

ドアにタオルかけを
とりつける

棚にも突っぱり棒をつける

悪臭は汚れが落ちていないから

ため水の中でもみ洗いして
水がこれ以上にごらなくなるまで
もみ洗いする

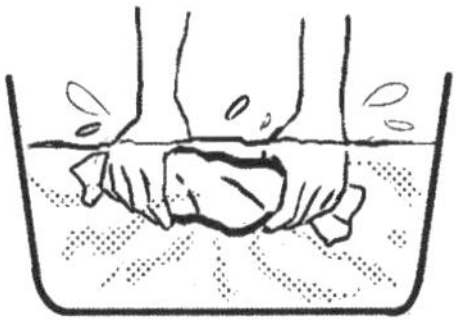

洗濯板つき 洗い桶が
あると便利

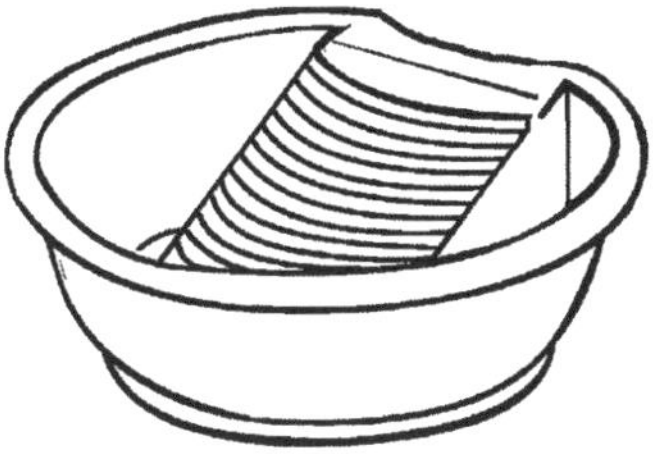

そのあとかるく流水ですすげばOK!

流水で洗うと、水がもったいないという意識が働き、きちんと洗わずほんの数秒もみ洗いする程度、という人が多いのではないでしょうか？　これでは汚れも落ちず、ニオイも出ます。

一度、洗い桶にためた水でゴシゴシもみ洗いしてみてください。私も流水だと数秒しか洗わないのですが、洗い桶だと、もみ洗いして水が濁ってくるのを見ながら、これ以上もう濁らない、というところまで洗います。

そのあと流水でチャチャッとすすげば、布巾のニオイは激減します。洗濯板付の洗い桶があると簡単にきれいになります。とはいえ、これを毎回やるのは面倒なので、夜だけとか、2～3日に1回くらい、しっかりもみ洗いするだけです。

●ちょこっと洗ってパッと干す

チャチャッとでも、ゴシゴシでもいいですから、洗った布巾や台拭きは必ずすぐ干しましょう。必ず干すということは、干す場所がないとダメです。私の場合、今までいろんなアパートやマンションに住み、小さな台所に悪戦苦闘していましたが、一番の悩みは布巾を干す場所がないことでした。3枚ほど干せるアームのついた布巾掛けでは、とうてい足りません。

私は台所の流しの上に突っ張り棒を3本設置し、ドアと食器棚にタオル掛けを接着剤で取り付けました。とにかくつけられるだけつけて、今では台拭き10枚、大判の布巾5枚は干せるスペースを確保してあります。

賃貸住宅ではなかなか難しいとは思いますが、床に置くタイプのタオルかけなど、ぜひ工夫してみてください。突っ張り棒ならあとで取り外しもできますし、布巾や台拭きをすぐに干すことで嫌なニオイは激減しますから。

布巾の悪臭解消法　その2「煮洗い」

ガスレンジを拭いたり、流しを拭いたりする台拭きは、チャチャッと手洗いするだけのことが多く、それが異様なニオイを発していることがあります。そう、ぬれた雑巾のようなニオイです。これを洗濯機で洗っても、取れません。

しかし、このニオイ、煮洗いすれば完璧に取れるのです！　台拭きがちょっと臭うかな、と思ったら煮洗いをしてみましょう。

洗濯の章の煮洗いと同じです。

まずは石けんだけで煮洗いしてみましょう。**5リットル入りの洗い桶に3リットルほどの水を入れ、水が温まってきたら粉石けんを小さじ1〜大さじ1杯程度（汚れの度合いによって幅があります）入れてよくかき混ぜます。石けんがよく溶けたらニオイのする台拭きを入れ、菜箸などでかき混ぜながら、沸騰するまで煮るだけです。**

（47ページ参照）

水の量などは布巾の枚数によりますが、うちの基準は、5リットル入る洗い桶に、水は3〜4リットル、粉石けんは大さじ1杯程度。この場合、布巾と台拭きは5〜10枚ほどです。

台拭きの場合、ニオイが衣類よりも強いので、石けんだけで煮洗いしている鍋（または洗い桶など）へ、過炭酸塩（酸素系漂白剤）小さじ1〜4杯を加えることもあります。ただし、ちょっと無駄撃ちになる部分もあるのですが、最後にこの煮洗い液で三角コーナーを洗ったり、排水口をきれいにしたりできるので、私は無駄と知りつつ時々やっています。

手間の軽減をとるか、無駄を排除するか、どちらがいいかはあなた次第。私は手間の軽減を取って、多少の無駄撃ちには目をつぶっています。

●三角コーナーやごみ受けもついでに漂白殺菌

煮洗いが終わったら布巾だけ取り出し、残りの液にごみ受けカゴなどを浸けて漂白することもあります。これは熱湯石けん液に浸け置きするのと同じですね（140ページ参照）。浸け置きした液は、すぐに捨てずにとことん利用しましょう。

一晩置いて冷めてしまった煮洗い液でも、実はまだ洗浄力があります。手でかき混ぜて泡立つなら大丈夫。布巾を取り出したら再び火にかけて熱くし、雑巾を漂白してもいいですね。洗い桶に雑巾を入れるのは気分的に嫌な人は、煮洗い液をバケツに移し替えてやるといいですね。雑巾も真っ白だと本当に気持ちがよくて、幸せな気持ちになります。

それから、ひとつ注意点ですが、煮洗い液を排水口に流してから布巾をすすぐと、せっかく排水パイプについている液まで流れてしまいます。まず布巾を液から取り出してすすぎ、その後に液を流すなど、作業の流れを工夫してください。煮洗い液を流したら、その後は一晩くらい放置すると排水口も真っ白になります。

●漂白するなら過炭酸塩＝粉末タイプの酸素系漂白剤を！

塩素系漂白剤を使うと、シミそのものはすぐ薄くなるのですが、布地がすごく傷みます。布巾や台拭きが破れやすくなって、すぐにボロボロになります。その点、過炭酸塩（酸素系漂白剤）は布地を傷めにくいので、長時間浸け込みしておけます。うちの布巾は結婚したときに買ったものですが、25年間まだ現役で使っています。

過炭酸塩は香料や界面活性剤など他の余分な成分の入っていないものを選びましょう。過炭酸塩または過炭酸ナトリウム（同じものです）１００％の物を選ぶとベストです。お店で成分を見て購入してください。

「酸素系漂白剤」というと、液体のものもあります。これは過酸化水素水で、酸性の液体です（液性：酸性と表示があるはずです）。**この本で紹介しているのは、粉末のもの**で主成分は過炭酸塩。アルカリ性です。同じ「酸素系」と言っても、形状や液性が全然違います。間違えて買わないよう表示をよく見て、過炭酸塩（ナトリウム）を選んでください。

ゴムベラで無駄を掻き取る

ゴムベラを持っていますか？　調理をするときに使う、柄《え》のついたゴムのヘラです。お菓子作りをする人なら持っていることが多いと思います。お菓子だけでなく、ごく普通の料理にも使える便利グッズなのですが、若い人の一人暮らしでは持っていない人も増えてきたみたいですね。なんともったいない！

これがなぜいいかと言うと、ゴムベラを使って食材をきれいに掻き取ると、食材の無駄がなくなるのと同時に、洗うとき洗剤や石けんが少量で済むこと、ベタベタに汚れたものを洗うよりは水も少なくて済むのです。

●用途別にそろえると、超便利

例えば、味噌の入った容器から最後の一すくいを取り出すとき、ゴムベラでこすると、最後の最後まできれいに取れて無駄がない。容器についている味噌は、掻き集め

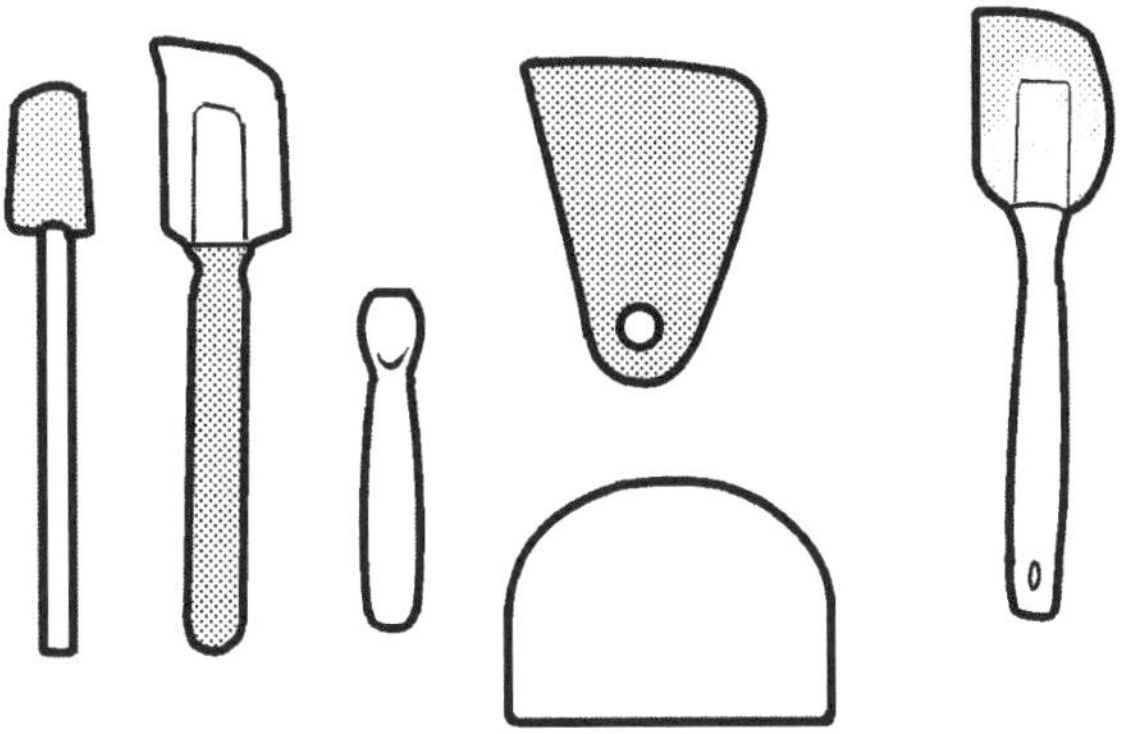

あるとベンリ! ゴムベラ各種

るとけっこうな量になります。ビン入りのジャムや調味料なども同じです。

その後、ケーキ作りにはまったとき、ケーキの生地を型に移すときには大型のゴムベラが便利なので新たに買いました。半円形や台形のもので、スクレイパーとも言います。

小さなビンに入った高価な食材を使うときは、全部使い切るために、ビンの口より細いゴムベラも買いました。鍋にこびりついたカレーを最後の最後まで食べきるために、カレー専用ゴムベラも買いました（カレーの香りがついたゴムベラでケーキ作りは困るので）。

そのうち、食べ終わった食器を洗う前に

スクレイパーでこすり、汚れを三角コーナーに落としてから洗うようになりました。

うちに来ていたアシスタントの男の子が、食べ終わった食器の食べかすをお箸で三角コーナーに落としていたので、「これ使うといいよ」とゴムベラを使って見せました。焼き魚の油や醤油がついたお皿が、こすった瞬間に洗ったみたいにきれいになったので、彼は思わず「すげえ！ これ、もう洗わなくていいみたいですね!!」と驚嘆していました。

さすがにゴムベラでこすっただけだとダメですが、でも洗う手間がすごく軽くなるのは本当です。その分、排水も汚れないだろうと思うと、嬉しくなりますね！

それから、お皿の上の食材が乾いてしまうと、ゴムベラでこすってもなかなか取れません。そんなときはセスキスプレーをシュッと一拭きすると、汚れがゆるみ、ゴムベラで簡単にこすり落とせます。

キッチン掃除の強い味方、セスキスプレー

セスキ炭酸ソーダは油汚れをよく落とすので、台所でも大活躍。

セスキを水で溶いてスプレーボトルに入れておけば、コンロまわりや油の飛びはねなどにサッと使えて便利です。食器にスプレーしてから石けんで洗うと、汚れ落ちが格段にアップします。

セスキ炭酸ソーダはアルカリ性の強さがpH9．8という弱アルカリ性。これが弱酸性の皮脂汚れを中和してスッキリ落としてくれるんですね。調理の後、すぐにスプレーしておいて、食事が終わった後、ゆっくり拭くのも便利です。

でも、なぜかセスキを水道水で溶いてスプレーボトルに入れておくと、数日経つとなんだか生臭いような、嫌なニオイを発することがあります。溶かす水を精製水にするとクサくなることは少なくなるのですが、それでも時間が経つと臭ってくることもあります。

これは、アルカリ性の領域で繁殖しやすい菌がボトルの中で繁殖し、ニオイを出すのだそうです。これを解消するには、粉末の過炭酸塩（酸素系漂白剤）をホンの少しだけボトルに加えてみてください。セスキの量の５～10％くらいでいいでしょう。

●セスキ溶液に殺菌力をプラス

過炭酸塩はセスキよりpHが高く、殺菌効果もあるので、ちょっとだけ加えると雑菌の繁殖を抑えてくれます。ただし、過炭酸塩を加えたセスキ溶液は、セスキ単体よりもちょっとだけpHが高くなりますので、汗拭き用としてお肌に直接スプレーする場合は要注意。セスキでＯＫな人ならたいてい大丈夫ですが、敏感肌の人はちょっとカサカサする場合もありますから。掃除に使う場合はそのまま使っても大丈夫です。

私が家で使う場合、２００ミリリットルのスプレーボトルにセスキを小さじ2分の１～１杯程度入れていますが、過炭酸塩はそれの５～10％程度で、これはホントに少量です。厳密に量らなくても大丈夫。見た目の判断で十分です。過炭酸塩、ごく少量ではありますが、殺菌力、漂白力も多少発揮してくれますから、オススメですよ！

セスキ溶液がなぜかクサくなるとお悩みの方、ぜひ試してみてくださいね！

冷蔵庫のカビ対策にもセスキ炭酸ソーダ

梅雨時期はカビが怖い時期です。湿度が高いとどうしてもカビが生えやすいので、なんとか撃退しましょう！

押入れや戸棚の中は気を使って除湿している人も多いのですが、カビ対策で見落としがちなのが冷蔵庫ではないでしょうか？ 温度が低いので大丈夫、なんて油断していると冷蔵庫内でもカビの胞子はしっかり生きています。

ドア周りについているゴムのパッキン部分は、霜が付かないようヒーターが入っているので特にカビが発生しやすい場所だそうです。ときどき固く絞った布巾で拭き、そのあと消毒用エタノールを布巾にスプレーし、それで拭くとカビ予防になります。

庫内の掃除は全部を一度にやろうとすると時間がかかりますから、一回にやるのは小さな範囲にとどめます。何かこぼしたりしたときは、そのつど水拭き（固く絞った布巾で拭き取ること）が基本ですが、うっかり見過ごすこともよくあります。

奥のほうでビンが倒れていたり、袋から汁が出ているのを後で気付いた場合は、水拭きだけでは落ちないこともありますから、石けんやセスキ炭酸ソーダの出番です。

うちではセスキ炭酸ソーダを水に溶かし、スプレーボトルに入れてあります。分量はいつも適当に目分量ですが、水200ミリリットルにセスキを小さじ2分の1杯程度。これを布巾にスプレーして適当に湿らせ、それで汚れた部分を拭き取ります。そのあと水だけで絞った布巾で拭き取ればOK。

セスキは弱アルカリ性なので、食べ物の汁などの酸性の汚れを中和して落としてくれます。そのあとさらにお酢などで中和する必要はありません。オイルをこぼしたり、あまりにもベタベタした油っぽい汚れの場合は石けんを使います。石けん液を含ませたスポンジや布巾で汚れをこすり、そのあと水拭きします。水拭きを念入りにすれば、これも中和の必要はありません。

●詰め込みすぎないのもポイント

いずれの場合も、カビ防止には汚れを落としたあとでエタノールで拭くことをオススメします。このときもエタノールを布巾にスプレーして、それで拭きます。なぜ直接スプレーしないのかというと、カビの胞子がスプレーの勢いで飛び散るのを防ぐためです。

セスキや石けん液も、台所の壁やガスコンロに使うときは直接スプレーしていますが、冷蔵庫の中に使うときだけは布巾にかけてから使っています。ちょっとしたことですが、カビ防止の効率がちょっとアップしますからね。

それから、掃除の効率面と食品の管理面から言って、冷蔵庫にモノを詰め込みすぎないようにしましょう。……これは、自戒をこめて。自分自身に対して強く言い聞かせていることでもあるのです。モノがぎっしり詰まった冷蔵庫は、冷気がなかなか全部に回りきれません。また、たくさん詰め込むと、絶対いくつかの食品は忘れてしまいます。奥の方でカビたりドロドロになってしまった食品を見つけたときのむなしさと言ったら……。

冷蔵庫の中をきれいに使うには、掃除だけではなく、物を詰め込まないこと、多く買いすぎないこと、これを自分に言い聞かせています。

コラム

アルカリ剤を使いこなそう

アルカリ剤とは、読んで字のごとく、アルカリ性です。

家の中の汚れや衣類の汚れはほとんどが酸性で、それを中和して落とすのがアルカリ剤の主な役割です。

代表的なアルカリ剤を四つあげると、まず皆さんもよくご存じの重曹があります。他には炭酸塩（炭酸ナトリウム＝炭酸ソーダ）、セスキ炭酸ソーダ、過炭酸塩（＝過炭酸ナトリウム＝酸素系漂白剤）の4つです。それぞれアルカリ性の強さが違うので、使い方がちょっとずつ違います。

●重曹は汚れ落ちもマイルド

アルカリ性が一番弱いのは重曹で、一般的にpH8．2という、ごく穏やかなアルカリ剤です。なので、汚れ落ちはとてもマイルド。

重曹を使ったナチュラルクリーニングがブームとなって久しいのですが、使ってみてもあまり汚れが落ちなかったと、また合成洗剤に戻る人も多くいます。

重曹は家中の汚れを落とすにはちょっと力不足。「うちの汚れは重曹ですごくきれいになりましたよ！」と言う方もいらっしゃるのですが、そういうお宅は元々きれいなんです。

少なくともズボラな私の家の汚れは重曹では歯が立ちませんでした。

とはいえ、うちでも重曹はときどき使います。それは油汚れを落とすときではなく、優しい研磨剤として鍋のふたを磨いたり、シルバーのアクセサリーを磨いたりするとき、ほんのちょっとだけ使ったりしています。

また、脱臭効果もあるので、猫のトイレ砂(使用済み)を入れた袋にパラパラ振りかけたりもします。

でも、本格的なレンジ掃除に使うことはありません。何度も言いますが、そういうひどい汚れを落とすには重曹はpHが低すぎるのです。

●オススメは過炭酸塩

では、汚れを落とすには何を使うのが一番いいのか、何を買えばいいのでしょうか。

いつもセスキ炭酸ソーダをオススメしていたのですが、最近は過炭酸塩もオススメしています。

過炭酸塩は、pH10.5のアルカリ性。その水溶液を素手で触ると、あとで手がカサカサすることもあるので、掃除や洗濯をするときはゴム手袋を使うほうがいいでしょう。

セスキ炭酸ソーダを水に溶いてスプレーボトルに入れ、台所の壁やレンジにスプレーして掃除したり、よく衣類の浸け置きもしたりしますが、これと同じことを過炭酸塩でやってもOKです。セスキ炭酸ソーダはpH9.8

の弱アルカリ性なので、それよりもpHがやや高い過炭酸塩のほうが皮脂汚れをしっかり中和し、なおかつ漂白効果、除菌効果もあります。ただし、金属のファスナーやボタンがついている衣類は長時間浸け置きすると傷むことがあるのでご注意を！

炭酸塩はpH11．2で、これまた掃除や洗濯もOKですが、4種類全部をそろえるのは面倒ですよね。いつもどれか一つにするならどれがいいか聞かれるのですが、私はセスキ炭酸ソーダか過炭酸塩のどちらかで迷います。どちらにもそれぞれいい面があるのですが、思い切って選ぶと過炭酸塩でしょうか。煮洗いに使えるというのが大きいですね！

何はともあれ、アルカリ剤は特徴をよく知って適切に使ってください。pHが低いものに過大な期待をしてもかわいそうですから。

4章

家じゅうのニオイと汚れを元から断ちます！

——トイレ、浴室、リビング、ペット…——

エコで洗浄力抜群「セスキ水」で小掃除！

私はここ最近、年末に大掃除をしたことがありません。年末に大掃除をすると、普段目をつぶっていた押入れや引き出しの中にある不用品に気付いてしまい、それをあたふたとゴミ処理場に出したり、リサイクルショップに持って行ったりと、余計な手間が増えてしまうからです。

年末に１００の力で大掃除をするより2か月に一度くらい、5~10の力で掃除をするほうがラクだと思います。2か月に一度なんてそんなマメなことムリ！　と思う方は、10月11月くらいから小掃除をやりましょう。大掃除より断然ラクチンですから！

●小掃除の救世主、セスキ炭酸ソーダ

うちはリビングにトイレットペーパーとセスキスプレーが常備してあり、何かをちょっとこぼしたときなど、ペーパーにセスキ液をシュッと一吹きして、チョコチョコ

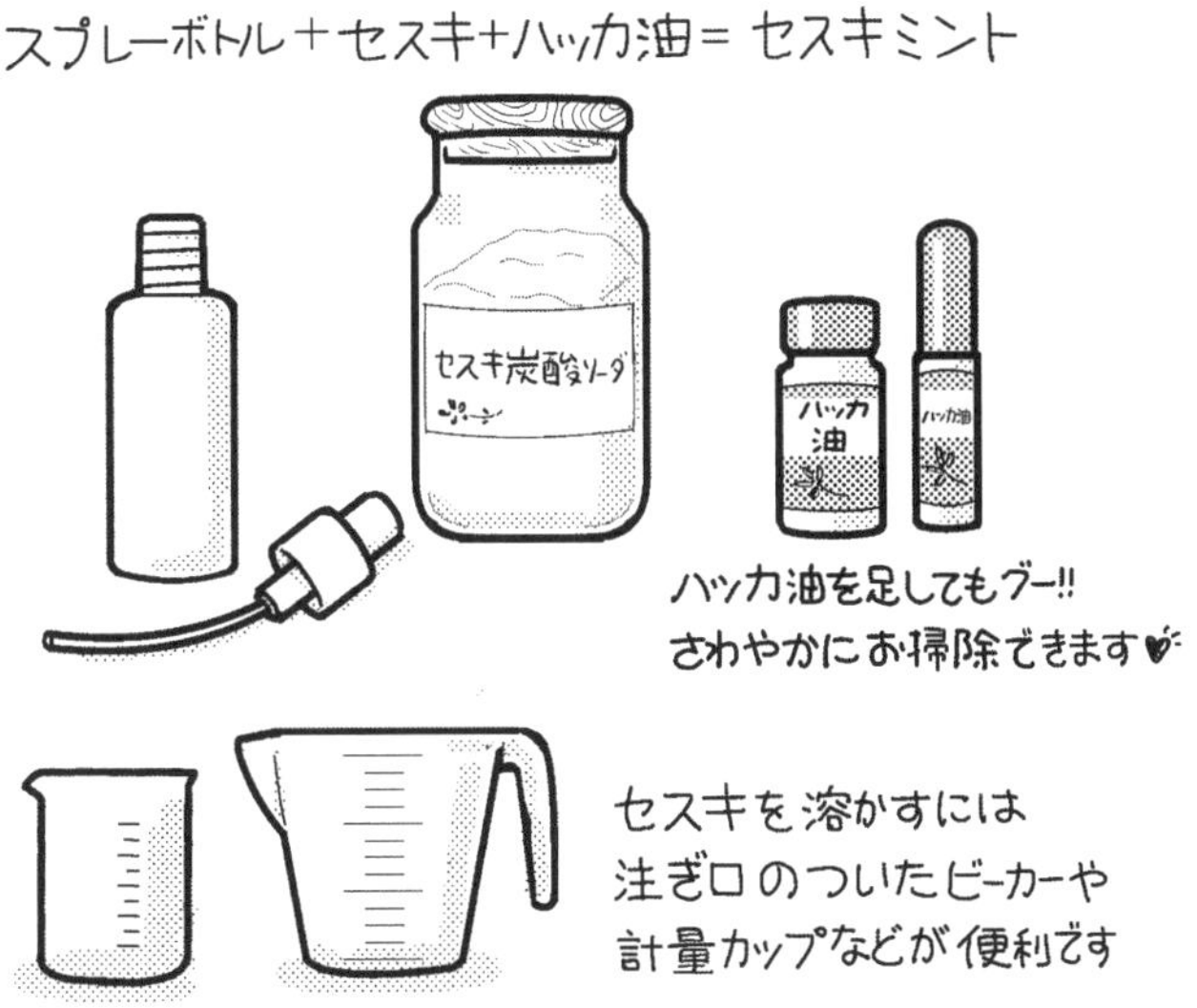
スプレーボトル＋セスキ＋ハッカ油＝セスキミント
セスキ炭酸ソーダ
ハッカ油
ハッカ油
ハッカ油を足してもグー!!
さわやかにお掃除できます
セスキを溶かすには
注ぎ口のついたビーカーや
計量カップなどが便利です

拭き取っています。わざわざ雑巾を取りに行かなくてすむので重宝しています。

このチョコチョコ拭くだけが小掃除です。

セスキも重曹も、ホコリや油汚れなどの弱酸性の汚れを中和して落とすのですが、重曹では落ちない汚れがセスキ炭酸ソーダだとスルスル落ちてくれます。

陶器の置物などは、〝セスキ水〟をスプレーして雑巾で拭くと、汚れがすっきり落ちるのです。濃度は200ミリリットルのスプレーボトルに水に対して小さじ2分の1杯くらいでしょうか。あまり厳密に量らなくても大丈夫です。

このセスキスプレーは、リビングや台所の小掃除に重宝します。このスプレーでドアノブや壁、レンジ周りを拭くと手垢《てあか》なんかすぐに落ちてびっくりしますよ！

レンジ周りは、調理後にスプレーしておき、食事が終わったころに台拭きで拭き取ると、すごくきれいになっています。

あとでお酢やクエン酸で中和する必要はありません。スプレーのセスキ水があまり濃すぎると白く残ることもありますが、そういうときは水ぶきをもう1回すれば大丈夫。次に作るときは濃度を薄くするといいでしょう。

セスキスプレーをフローリングにかけるとワックスがはげる可能性も指摘されています。しかし、今まで私の家のフローリングでワックスがはげたことはありません。心配な人は、床に使うときは薄めてください。

それよりも、猫の粗相の痕を消毒しようとエタノールをスプレーしたときはワックスが溶けて、床に白いシミが点々とついてしまいました。アルコール類は厳禁です。虫よけ用に作ったセスキ水にはエタノールを入れることがありますが、床にはスプレーしないほうがいいでしょう。

過炭酸塩の掃除で家じゅうスッキリ

日本の夏は高温多湿です。湿度が高いと家の床や壁もなんとなくベタつくようになってきます。床にほこりがたまっていると余計にベタつくので、掃除はなるべく小まめにしましょう。そのほうがすっきりすごせますから！

「小まめな掃除」で活躍してくれるのがセスキ炭酸ソーダのほかにもうひとつ。**過炭酸塩（酸素《さんそ》系漂白剤）**です。

スプレーボトルに作ったセスキ水に過炭酸塩をホンの少し混ぜてもいいですし、過炭酸塩だけを溶かしたものでもいいでしょう。セスキ水が臭うときは、殺菌力のある過炭酸塩を入れるといいです。

どちらがいいかは好みにもよりますが、うちではリビングではセスキ（＋過炭酸塩）、台所とトイレは過炭酸塩のみのスプレーと使い分けています。

過炭酸塩のほうがpHが高く、漂白作用もあるので、過炭酸塩のみのスプレーはリビングのカーペットやフローリングが白くなる恐れがあります。また、アルミなどの金属には直接かけないほうがいいでしょう。台所のステンレスや陶器のタイルなら直接スプレーしても、あとでちゃんと拭き取ればＯＫです。

過炭酸塩を水に溶かすと、1日で分解して酸素が発生します。密閉容器だとパンパンに膨れます。スプレーボトルでも、ノズルの先を「閉」にしておくとパンパンになってしまうので注意してください。私はスプレーボトルのノズルの先がいつも開いている状態にしているので、過炭酸塩液が膨張してふたなどが飛んでしまうということは今までありませんでした。

でも、ペットボトルなどで作る人は、必ずふたを緩めておいてください。セスキメインで過炭酸塩を少し混ぜる場合も、少量だからと油断せず、ふたを緩めにしておいてください。過炭酸塩の分解が進んで酸素が抜けてしまったとしても、残った液体はセスキ液とほぼ同じで、ちゃんと洗浄力がありますからご安心を！

トイレのさぼったリングとニオイ対策

小さいお子さんがいるご家庭から「子どもがあちこちで漏らしてしまい、トイレに限らず、オシッコ臭い場所があって困ります」というご相談を受けました。こんなときにもセスキスプレーが活躍します。セスキを床にスプレーして、トイレットペーパーで拭くだけでＯＫです。

男性がいるおうちでは、トイレの便器周辺にけっこう飛んでいたりしますから、知らないうちにニオイの元になります。同じようにセスキスプレーでお掃除してみてください。

便器掃除もセスキをスプレーしてブラシでこすればＯＫ。

忙しくて、トイレ掃除がおろそかになってしまったりすると、気が付いたときには便器の内側に黒っぽくさぼったリングが……。こういうときには、石けんです。粉石けんをふりかけてブラシでこするだけ。これだけできれいになります。

ペットの汚れにもセスキは大活躍！

猫がよく毛玉を吐くので、それを拭き取るときもうちではセスキスプレーが欠かせません！

猫が吐いたものは胃酸が混じっているので、当然、酸性です。フローリングの上ならまだしも、カーペットやソファの上に吐かれたときはがっくりきます。イヤなニオイもするし……。

紙で固形物を取り去り、セスキ液をスプレーした雑巾でカーペットを叩くようにして拭き取ります。汚れが中和されるので、水で拭き取るよりラクに落ちるし、ニオイも取れます。

●ペットのニオイとアロマの関係

ペットのニオイ対策に、お香やアロマを焚きたい方もいらっしゃるでしょう。

そこで気をつけねばならないのが、動物と精油との関係です。

特に猫に対する精油の危険性が問題となっています。猫にとって精油は猛毒である との意見もありますが、使い方によるのではないでしょうか。猫を飼っている私も、水＋エタノールに精油をたらした虫よけスプレーなども使っていますが、わが家では「使うのであれば薄める」「精油を使ったものは絶対に猫の体に直接かけない」「香りが残っている場所には入れない」ということを注意しています。

うちの猫は20年以上長生きしましたし、もともと猫は犬にも負けないくらい嗅覚が発達していますから、精油に限らず強く香るものはなるべく避けるようにしています。

ペット用合成洗剤のシャンプーは香りが長く残るので、使いません。シャンプーする必要がある場合は無香料の石けんを使っています。

ズボラ流ハタキで簡単掃除

年末に大掃除をしたことがない私ですが、年末年始にときどき取材やお客様が来ることもあるので、その前には仕方なく掃除をしています。この「仕方なくやる掃除」に大活躍してくれるのがハタキです。

私の普段の掃除は本当にズボラで、床に掃除機をかけるだけ。これだとどうしても隅々にホコリがたまります。これをハタキでたたき出して掃除機をかけると、家中がすっきりします。

ハタキはホコリを舞い散らせる、咳《せ》き込んでしまう、そんなのイヤだ、と思っていませんか？　1年くらい放置した、分厚く堆積したホコリだと大変ですが、1週間以内のホコリなら、咳き込むほど舞うこともありません。私はズボラですから2～3週間から1か月ほど放置することもありますが、それでもハタキをかけて咳き込むほどのひどい状況になることはあまりありません。

ハタキをかけるだけで、棚に飾っている猫の置物にもホコリが積もらず、何年もきれいなままです。家を建ててから20年以上経ちますが、この棚は、雑巾で拭いたことなど1度か2度くらいしかないはずです。それでもきれいなんですよ！

●手にハタキ、背中に掃除機

お客様が来る、と思うと気になるのが天井近くの蜘蛛の巣。

蜘蛛の巣が張るほど掃除していないのか、ですって？　床と棚の掃除はたまにやってても天井近くはなかなかやらず、気がついたらうっすら蜘蛛の巣が張っていることがよくあります。それもハタキでたたき落とし、掃除機で吸い取ればきれいになります。

うちでは掃除機を背負うリュック式にしているので、掃除機が上のほうまで簡単に届きます。だったら毎回天井近くも掃除しろよ、と言われそうですが、すみません、根っからのズボラなのでたまにしかしないんです（このリュック式掃除機はあちこちで話したり、既刊の本にも書いているので、イラストで紹介します）。

机の下やタンスの裏、テレビの裏のホコリは、ハタキをかけて掃除機をかければすぐにきれいになります。

本来は小箒のほうがよさそうですが、掃除のスタイルはイラストのように手にハタキ、背中に掃除機という形なので、机の奥などの床面のホコリを吐き出すのもハタキでササッとやっています。

そういう小技が利くのは、布製ではなく羽根ハタキだからかもしれません。細長い布のハタキだと、ホコリをはたくにはいいけれど、床面のホコリをちょっと掃き出すのには向いていないかも。

こんな風に、ハタキを使いながら掃除機をかけるだけの掃除ですが、これだけでも目立つところのホコリはなくなるし、面倒くさくないし、とても便利だと思います。

うちでは各部屋に専用ハタキが吊るしてあります。トイレにすら専用ハタキを置いていて、トイレ窓の網戸にも気が向いたらハタキをかけています。こうしておくと網戸は2~3年以上きれいなままです。ハタキを上手に使えば、掃除の手間が省け、時短にもなりますよ！

トイレにも 専用 のハタキと
ほうきを置くと 便利です

カーテンに掃除機をかけると
5年間洗わなくてもキレイでしたよ!
ハタキをかける だけでも OK!

小物を飾っている 棚も
ハタキで キレイを
キープ!

風呂釜ピカピカ、ほったらかし掃除法

洗濯の章でもご紹介した過炭酸塩（酸素《さんそ》系漂白剤）を使った浴槽での洗濯。今回は風呂釜掃除も同時にやってしまおう！　というご提案です。

風呂釜掃除用の洗剤はいろいろなメーカーから出ていますが、主成分に過炭酸塩を使っているところが多いのです。

風呂釜は一つ穴方式と二つ穴方式がありますが、どちらも過炭酸塩を使います。一つ穴方式は、お湯がパイプの中を通るスピードが速く、水圧もかかるのであまり湯アカがたまらない、と言われています。が、それでも何か月かに1回はやってみるとスッキリすると思います。

●一つ穴方式の場合

さて、まず一つ穴方式から。

お湯を穴のちょっと上くらいまでためてください。残り湯で十分です。そこに過炭酸塩を200~300グラムほど入れてよくかき混ぜます。追い炊きをしてお湯を40~45度くらいまで沸かし、あとは一晩放置するだけ。翌日、お湯を抜いてから、穴に水道水を勢いよくかけて洗い流してください。これで終了です。

この場合、過炭酸塩の濃度がかなり高いので、私はついでに夫のTシャツ（脇の下が黄ばんだもの）を浸け込んでいます。長時間浸け置くと生地が傷む可能性もある濃度なので、高いTシャツなら1~2時間程度にしておいたほうがいいかもしれません。夫のTシャツはかなり着古しているので惜しげなく一晩浸けていますが、脇の下の黄ばみが薄くなりました！　本気で真っ白にするには煮洗いが一番ですが、この方式だと大量にできるし、手間がかからないので、風呂釜掃除のときは浸け置きしています。

プラスチック製のお風呂のいすや洗面器を浸け置く人もいます。スッキリして気持ちがいいですよ。

●二つ穴方式の場合

二つ穴方式の場合は、下の穴をタオルや雑巾などでふさぎ、上の穴に酸素系漂白剤

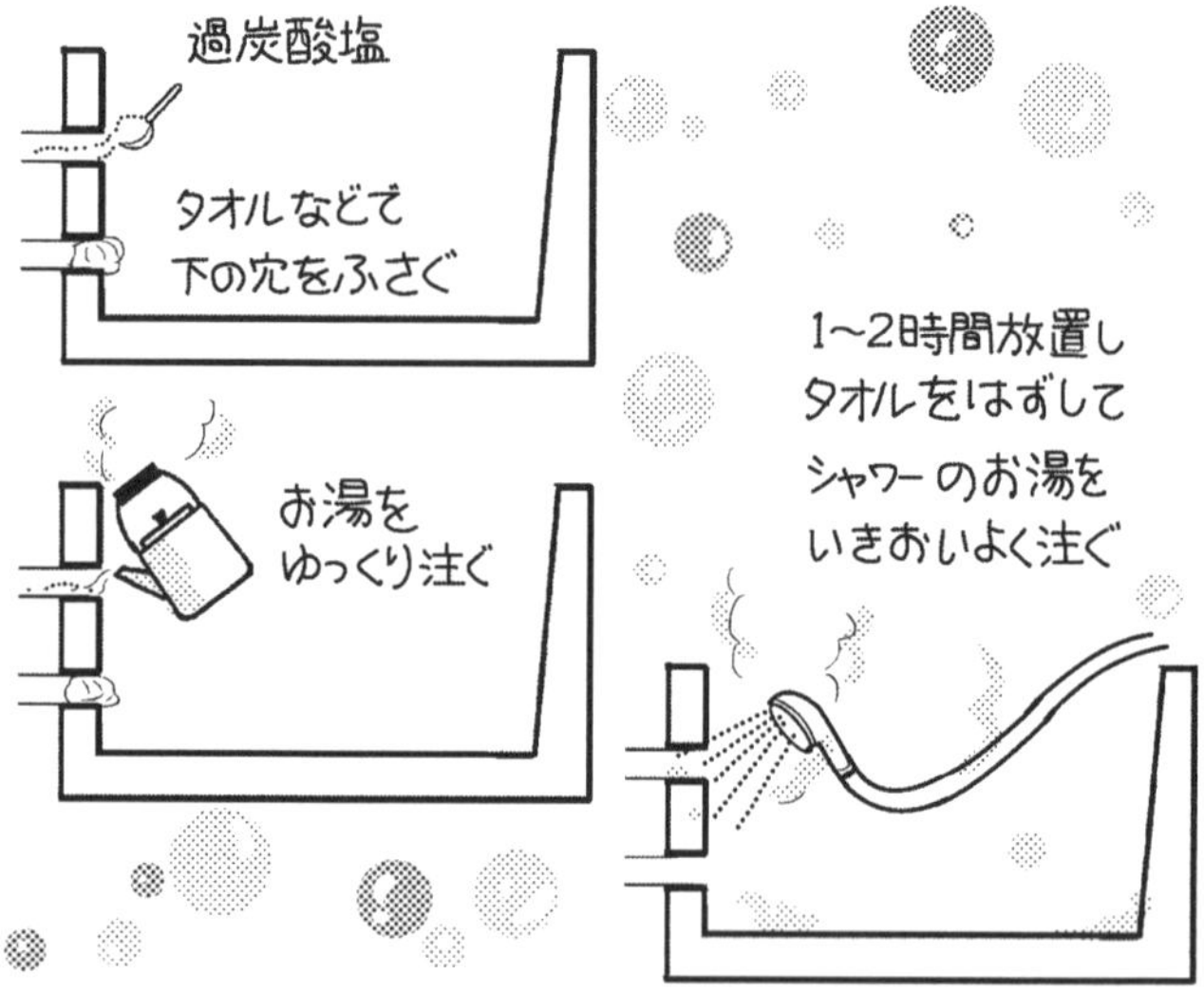

を50～100グラムほど入れます。給湯器の温度設定が50度以上になるなら、50～60度くらいにして穴に注ぎ込みます。ヤカンのお湯でもOK。あふれるともったいないので、なるべくあふれさせないでください。1～2時間放置したら下の穴のタオルを取り、水道水を勢いよくかけて洗い流してください。上からも下からもやるといいでしょう。

これで風呂釜掃除ができました！

それから、**浴槽が木製や大理石のものはアルカリに弱いのでこの方式はできません**。でも、普通の浴槽なら過炭酸塩で掃除できますから、ぜひお試しください。

ため水&窓拭きグッズでお風呂のカビ予防

シャワーはお湯が出るまでに時間がかかり、どうしても最初は冷たい水が出ますが、うちではそれをバケツにためて、カビ取りに使っています。

「えっ、水だけでカビ取り？　専用の薬剤を使わないとムリムリ！」なんて思わないでください。やり方はいたって簡単。お風呂が終わったら、その冷たい水を壁や床にかけるだけ。これだけで浴室のカビの発生が激減するんですよ！

カビは「水分・栄養・温度」の三要素があればぐんぐん繁殖します。シャワーや浴槽のお湯はだいたい37～40度で、カビの発生に最も適した温度です。シャワーの最初に出る水は冷蔵庫や冷凍庫ほど冷たいわけではありませんが、カビ繁殖に最も適した温度よりはるかに低いのです。これで、三要素の中の「温度」が一つ消えました。

水をかけるだけでも、壁と床に付いた石けんや汚れが流れていきますから、「栄養」

もこれで消えました。

三要素のうち二つが消え、これでカビも繁殖しにくくなるというわけです。実際、浴室に窓のないマンション住まいの友だちが、この方法をとるようになってからカビが激減したと喜んでいました。

でも、これだけでは「繁殖しにくくなる」「減った」というだけで、カビがまったく生えなくなる、というわけではありません。

●窓拭き用のスクイジーが大活躍

三要素の最後の一つ「水分」を消し去ろうではありませんか！　水分を消すということは、要するに乾燥させるということ。うちでは乾燥させるために、窓を開けたり、換気扇を回したりしています。でも、すべてのお宅でこれができるわけではありませんよね。窓がないとか、防犯上開けられないとか。

そんな場合には、窓拭き用スクイジー（ゴムの付いたT字型の掃除用具）がオススメ。うちの浴室にも1本置いてありますが、お風呂から上がるとき、このスクイジーで壁と床をぬぐって水滴を落としておきます。すると2～3時間で床までカラカラに乾くのです。しかもゴムベラと同じで、多少の汚れもこすり落としてくれます。おかげでうちはお風呂場の大掃除をしたことがありません。毎日ちょこっとぬぐっていると汚れが蓄積しないんです。

それでもポツポツカビを見かけたら、過炭酸塩をぬるま湯で溶いてペースト状にしたものを塗りつけ、漂白・殺菌しましょう。すぐに乾かないようラップをかけておくと効果的です。塗る前に壁にお湯をシャワーでかけて温めておくと過炭酸塩がよく効きます。

また、カビとなると専用のカビ取り剤の使用の是非がよく話題になります。エコの人の中には「あまり使いたくない」「いや絶対使うな」という人もいます。確かに強い薬品が使われているので、手が荒れたり(浴室の壁や排水パイプの表面も荒れます)、頭が痛くなったりします。

でも、お宅にも塩素系カビ取り剤があれば、一度、徹底的に落とすためには使って、あとはこの「水分、栄養、温度」を絶つ方式をとれば、専用薬剤を使う頻度は激減します。

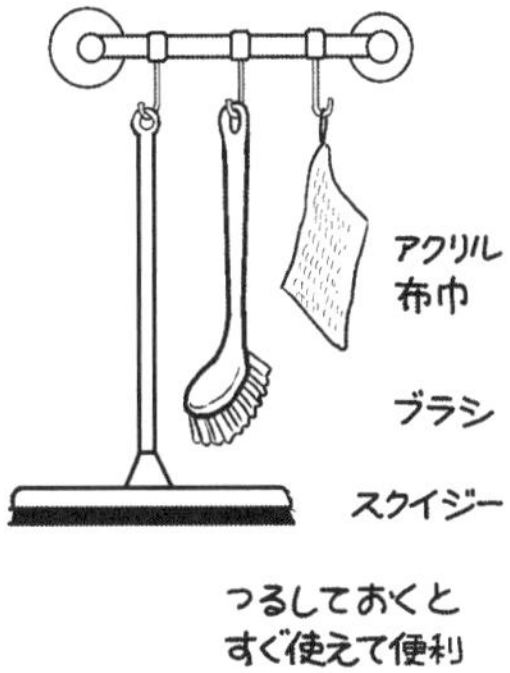

浴室の排水口掃除、ネットひとつで手間激減

お風呂場の排水口は、寒い時期に掃除するのは本当に大変。でも、うちではある方法で排水口が汚れにくくなり、掃除の手間も激減しました。

●プラスチックのネットを置くだけ

それは浴室の排水口の上にプラスチックのネットを置いただけ。このネットがすごい威力を発揮したのです。

元々、排水口にはトラップカバーが置かれ、その下に髪の毛や汚れを受けるヘアキャッチャーという網状のものがセットされています。うちの浴室のトラップカバーは金属製で隙間のあるメッシュタイプですが、このカバーにも髪の毛が絡まるし、その下のヘアキャッチャーにも長い髪が絡まります。石けんカスなどの汚れもたまると、ヌルヌルして、見た目も手触りも最悪。私はこの掃除が本当に面倒で大嫌いでした。

しかし、イラストのようにネットを置いただけで、髪の毛と石けんカスがほとんどこのネットの上に留まってくれるのです。お風呂から上がるときに掃除用ブラシでネットの上だけ軽くなぞると、髪の毛がスッと取れます。それをゴミ入れへ入れればOK。うちでは水切れのいい三角コーナーを使っています。おかげで、排水口の中まで掃除する回数は激減しました。流れて行く汚れが激減しているのですから、汚れる度合いも少なくなるわけです。

このネットは、ホームセンターで買った園芸用鉢底ネットです。大きさは1メートル×50センチ（価格は500〜700円程度）ですが、ハサミで簡単にカットできるので、浴室排水口の大きさに合わせて切ってください。上に三角コーナーを置くと、めくれにくいので髪の毛をきちんとキャッチできます。

うちの浴室の排水口は、床面よりちょっと低くなっているのでネットを置いて髪の毛をキャッチしやすいのですが、最近の浴室は、トラップカバーがメッシュ状ではなく、一枚の板状のものが多くなってきました。

これは床面と同じ高さか、やや盛り上がっている場合もあります。こういう場合は、トラップカバーよりふた回りくらい大きめにカットして置くといいかもしれません。

●浄化槽や下水道にもいい効果

髪の毛を流さないことは、浄化槽にとって、とてもいい効果があります。

浄化槽には微生物をよく働かせるための「ろ材」が入っていますが、これに髪の毛が絡まると掃除が大変になり、浄化槽の機能が十分発揮できなくなるのです。浄化槽を長持ちさせるため、台所の排水に気を使い、油汚れを拭き取っているご家庭も多いのですが、それと同じ気配りをぜひ浴室にもお願いします。

ネットを置くだけ、で排水口の掃除もラクになりますし、浄化槽にもグー！

そして、浄化槽にいい使い方というのは、実は下水道にもいいやり方なんです。下水道も汚れの流入が少ないほど処理場の負荷が下がりますから。

下水道の地域の方も、浄化槽の地域の方も、ぜひ浴室の排水口にネットを置いてみてください。

ネットを置けば排水口の掃除もラクチン!

用意するもの―園芸用ネット

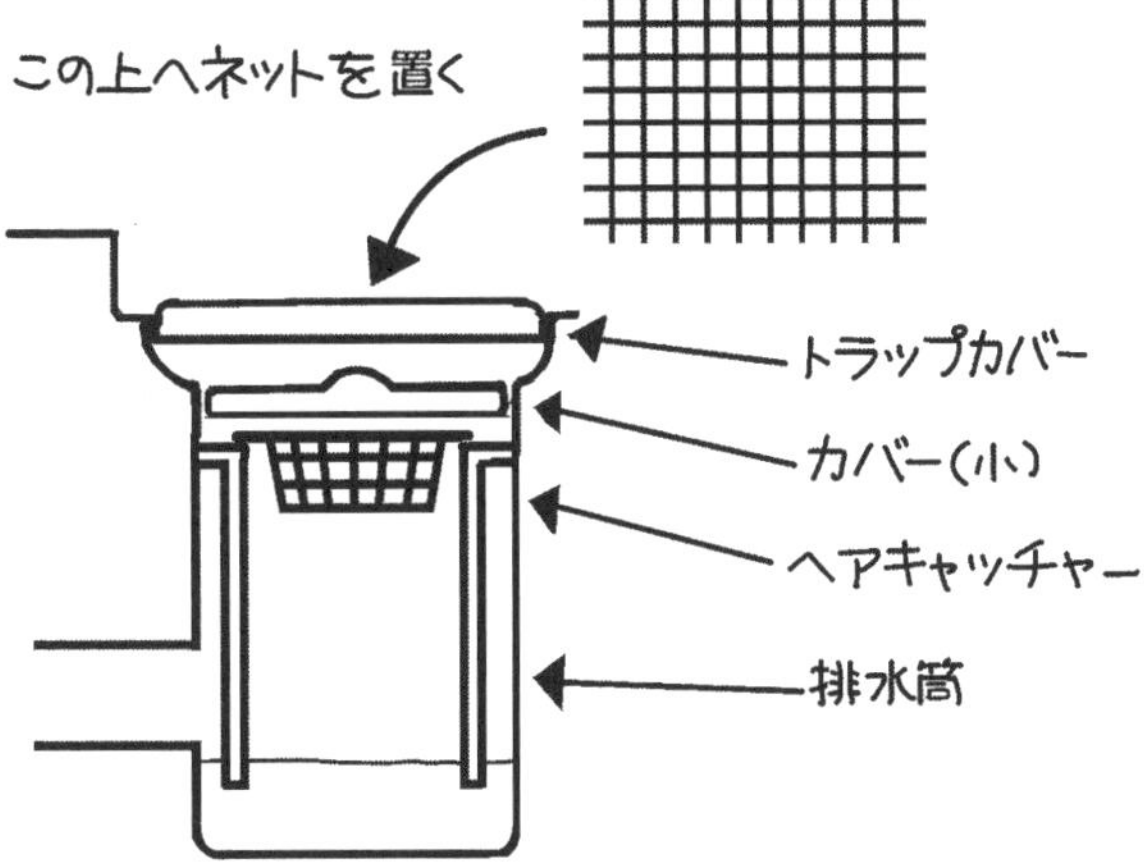

トラップカバーが大きい場合は

ネットを大きく切って
この上に置くか
小さくして カバーの下に 置くかは
自宅の排水口を
よく観察して 決めてください

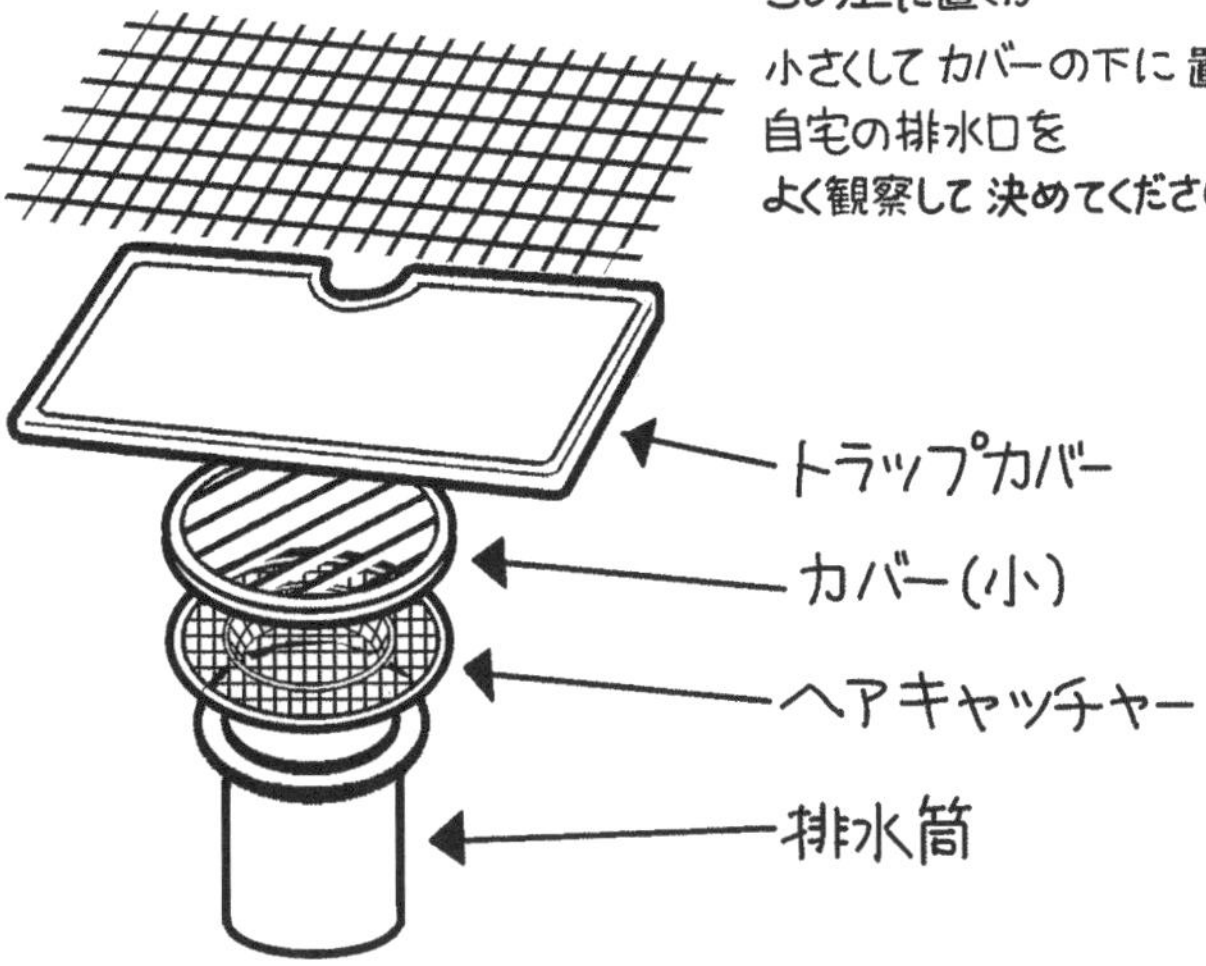

ニオイもペットの毛も取れる、茶がら掃除

春先はホコリや花粉が舞い飛ぶ時期で、掃除が大変です。雑巾がけは面倒なのでほとんどしないのですが、それでも埃を取りたいので、うちではよくお茶がら掃除をします。

お茶がらを床に撒《ま》いてホウキで掃くだけの掃除法ですが、ホコリが舞い飛ばないし、雑巾がけをしたのと同じくらいきれいになるので、手抜き掃除としてうちではよくやります。簡単だから「手抜き」と言っていますが、効果はすごいんですよ！

以前、うちへ取材に来たテレビ局の方も驚いていましたが、普通にホウキで掃いたときとお茶がらを撒《ま》いて掃いたときでは、ホコリの取れ具合が全然違います。わざわざテレビ局の掃除機から採取したホコリを大きな密閉容器に詰めて持って来てくださって、それをうちの床に広げて実験したのですが、結果がとてもよかったので私も鼻高々でした。

お茶がら掃除
スタート
スタート地点にお茶がらをまいて掃きながら移動させます
一回分のお茶がらがあればOK！
高い煎茶は茶葉が細かいので床にくっつきます安い番茶がグーです

このお茶がら掃除は、ホコリが取れるだけでなく、家中にお茶のいい香りがほんのり漂うのもまた気持ちのいいものです。お茶のフラボノイドやカテキンなどで脱臭、抗菌効果も期待できます。

ペットのいるお宅では、嫌なニオイも軽減してくれるし、猫の毛などもきれいに取れるのでオススメです。

●ホコリが舞わず、鼻むずむずなし

お茶がらを床全体に撒かねばならないと勘違いしている方もいるのですが、床の一辺に撒《ま》くだけでOK。それをホウキで掃きながら移動させて、部屋全体をきれいにしていくわけです。掃除機だと排気でホコリがブワーッと舞い飛ぶこともあるのですが、お茶がら掃除だとそんなに舞わないので鼻がムズムズすることもありません。

フローリングも畳も大丈夫。毛足の長いじゅうたんの上はお茶がらが入り込むので止めたほうがいいでしょう。

友人にお茶がら掃除を勧めたら、たいていの人が「すっきりする！」「ホコリが舞わないからラク！」と大喜びなのですが、ある若い友人は家族に「ぬれたものを撒くと湿気るのでいやだ。絶対ダメ！」と拒否されたのだそうです。でもその家は雑巾がけならOKだと言うのです。それで、ギュッと絞ったお茶がらと雑巾の水分量を量ってみました。乾燥茶葉7グラムでお茶を淹れ、そのお茶がらをギュッと絞って量ると18グラム、水分量は11グラムです。乾いた雑巾31グラムは、濡らして絞ると78グラムで、水分量は47グラム。

「お茶がらを撒いて掃除するのと、雑巾で拭くのとでは、使う水分はお茶がらのほうが少なくてすむ」とご家族に伝えたところ、納得してくれたそうです。

こういう数値を出さないと納得してもらえないのは、ちょっと寂しいですね。

私が子どもの頃はお茶がらを撒いて掃除することは当たり前にやられていて、湿気ることなど考えたこともありませんでした。お茶がらを撒くとホコリがよく取れるし、雑巾がけよりカラッとする、ということを体験として知っているので、いいイメージしか持っていませんでした。でも、そういうやり方がすたれて、それを初めてみる若い世代は、いいイメージも持っていないし、何しろはじめてのことですから不安が先に立つのでしょう。私を含む上の世代が、昔のやり方をすたれさせてしまったことに問題があるのかもしれません。

雑巾がけしたみたいにキレイになる、ホウキの魔法

最近、ホウキのない家が多いと聞いてちょっと悲しくなっています。私はホウキが大好きで、机の上の消しゴムカスを払うための小ボウキから、畳や板の間の上を掃くのに使うホウキ、トイレの床用、玄関用、庭用の竹ボウキなど、各種取り揃えています。それも30年ほどの間に少しずつ揃えたので、お金がかかったという感じはしません。

お茶がら掃除法をご紹介しましたが、うち中の床にウレタンのマットを敷いたら、お茶がらがくっつくようになってしまいました。ホウキで掃いてもなかなか取れません。それで、新聞紙をちぎったものを出がらしのお茶で湿らせ、固く絞ったものをまいてホウキをかける方式にしてみました。毛足の短い自在ボウキだと、ぐいぐい押し付けるように掃くこともできて、本当に雑巾がけをしたみたいにホコリが取れます。

これはいい！　と思ったら、今度はその湿った新聞紙でゴミ袋がいっぱいになってしまいました。それくらいは想定の範囲内ですし、新聞紙の有効活用でいいことなの

柄が自在に 動く
自在ぼうき
雑巾を 押しつけて
移動させてもグー!!

ですが、うちはごみを出しに行く回数が少ないので、ごみが増えるのは困るんですね。

●古シーツの再利用でごみも減少

そこで考えたのが、古シーツを小さく切ったものをたくさん用意し、ぬらして脱水したものを床にまいて掃くという方式。

これがもう、いい感じです！

小さく切った布というのは、つまり小さな雑巾。これを掃いてホコリを取るのですから、本当にきれいになりますよ！　ですからもちろん、普通の雑巾をばらまいて掃くという方法もアリです。これが雑巾ばらまき掃除です！

ズボラ式・雑巾ばらまき大作戦

ズボラな私が考案した手間削減方法は、大量雑巾ばらまき作戦です！

うちには雑巾が40枚くらいあります。古いタオル、ハンカチやTシャツなど、捨てずに全部雑巾にしましたから、けっこうな枚数があるのです。

ある日、うちにあるすべての雑巾を水でぬらし、洗濯機で脱水して家中にばら撒きました。床だけでなく、机の上、テレビの上にもポイッとのせて、家中の拭き掃除を始めたのですが、大正解！　1枚の雑巾でまず拭けるだけ拭いて、汚れたら別の新しい雑巾を使えばいいのです。掃除の最中、いちいちバケツで洗わなくてすむので掃除の効率がアップしました。

●まとめて一気に洗濯する

拭き掃除が終わったら、汚れた雑巾をすべてまとめて洗濯機で一気に洗います。1

～2枚の雑巾を洗濯機で洗うのはもったいないですが、30～40枚の雑巾ならそんなこともありません。よく溶かし込みをした洗濯液で洗ってすすぐと雑巾は真っ白になるし、脱水機を使うと手で絞るより断然早く乾いて、いやなニオイもしません。

今、私は二槽式洗濯機を使っているので、衣類を洗った後の石けん液を残しておき、それで雑巾を洗っています。二槽式洗濯機だと、こういう分け洗いも簡単にできるので便利ですね。

全自動洗濯機の方なら、雑巾洗いだけで新しい洗濯液、すすぎの水がかかります。これは少ない枚数ではもったいないでしょうが、大量の雑巾なら気兼ねなくできると思います。

大量雑巾ばらまき作戦は、家中をきっちりキレイにしたいときに特にオススメです。洗う手間が省ける、ということが、こんなにもストレスがないのか、とびっくりすると思います。家族総出でやっても楽しくできますよ。

コラム

環境だけでなくお財布にもやさしいセスキ炭酸ソーダ

セスキの重さは私の家の量りでは大さじ1につき16グラムでした。パッケージに書いてある使用量の目安は「大さじ何杯」ですが、重さに換算すると、水30リットルに16グラム、45リットルで24グラム、60リットルで32グラムです。1キロの袋を買い、30リットルで使用すればほぼ62回、60リットルで使えば31回ほど洗濯できます。

あるサイトで売られていた合成洗剤(1キロで458円)と比較してみました。これは水30リットルで20グラムが目安の使用量だと書いてありました。計算すると、30リットルで洗濯すれば50回、60リットルだと25回使えます。

価格を回数で割れば一回あたりの洗剤代が出てきますが、水の使用量や電気代、洗濯回数も考慮すべきでしょう。セスキは溶けやすいので溶かし込みの時間が必要なく、すすぎもラクなので、水の使用量が減ります。汗のニオイもよく取れるので、今までの洗濯回数よりも減ることがあります。人によっては首や背中のかゆみがなくなった、という人もいます。

洗濯にもキッチン掃除にも大活躍ということを考えると、お得ではないかと思います。

アワアワでラクラク、簡単楽しい網戸掃除

網戸掃除のやり方をご紹介しましょう。少し特殊な方法でやるのですが、これがもう、汚れ落ち抜群！　しかも簡単で楽しくて、お子さんも大喜び！　という方法です。さて、その特殊な方法とは、ハンドミキサーで石けんを泡立て、それを網戸に塗りつけて掃除する、というものです。友達に教えたら、お子さんが毎年大喜びで網戸掃除をやってくれるようになったと感謝されました。ホント楽しいですから、ぜひやってみてください。

●泡が汚れを吸着して落とす

用意するものは、雑巾数枚、ボウル、洗濯用粉石けん小さじ1～2杯、ぬるま湯500ミリリットルくらい、ハンドミキサー、ゴムベラです。合成洗剤はあとで拭き取るのが大変ですが、石けんだと汚れ落ちは抜群だし、雑巾で拭き取るだけでスッと泡

が消えてきれいになります。

まずは網戸の下に雑巾を敷いておきましょう。次に、ボウルにぬるま湯を入れ、粉石けん小さじ1～2を入れてハンドミキサーで泡立てます。ホイップクリームみたいに泡立ったらゴムベラなどで網戸に塗りつけるだけ。

ハンドミキサーがないお宅では、スポンジを使って泡を立て、その泡を塗りつけても大丈夫です。泡を塗るときには手ですくって付けてもいいし、お子さんが使う下敷きを使ってもOK。牛乳パックなどを切り開いたものでもいいですね。

泡を塗りつけると、シュワシュワと音を立てながら垂れていきます。全体にべったり塗らなくても大丈夫。何段かに分割して塗ってみてください。泡が消えたあとにはきれいな網戸が出現します！　その後、固く絞った雑巾で網戸を拭けば終了です。

網戸の裏と表の両面から拭けば完璧ですが、うちでは片面だけ拭いて終わりにしています。

●石けん液は薄めでOK

石けん液の濃度はなるべく薄めにしてください。濃すぎると、泡がしっかりくっついて垂れてくれませんし、泡が消えた後も網戸にとろとろした石けんが残り、あとで雑巾で拭いてもなかなか取れず、結局お風呂場に持っていってシャワーで流した、ということになりかねません。この方法のいいところは、網戸をはずさず、窓につけたままで掃除ができるということですから、石けんが残らないよう、薄め薄めでやってみるといいと思います。

泡を網戸につけたらシュワーッと消えるくらいの濃度がいいですね。濃すぎた場合は薄めましょう。ボウルの石けん液にさらにお湯を足して泡立て、ゆるくなった泡を塗り足します。少しずつ垂れてきたら、網戸全体に塗り広げます。泡が汚れを溶かしながら茶色に変色しつつ垂れてきたところで、ゆるく絞った雑巾で拭き取ればＯＫです。

●さらに頑固な汚れには…

しかし、何年も放置したホコリ、油、猫の毛などが混じった、かなり頑固な汚れを落としたいときは、ぬらしたブラシで網戸を軽くこするという技も加えてみましょう。普通のご家庭ではここまで頑固になることはないでしょうが……。

網戸全体の泡が茶色に変色して垂れてきたら拭き取ります。まず、水が少し垂れるくらいにゆるく絞った雑巾で泡を拭き、最後に固く絞った雑巾で仕上げ拭きをして完了。網戸の片面を拭くだけで十分きれいになります。

網戸は、洗剤をスプレーしても向こう側へ飛んでいってしまうし、掃除機でホコリを吸い取ろうにもうまく吸い込めず、掃除はなかなか大変です。でもこの方法なら、網目に泡がしっかり絡《から》み、ゆっくり流れおちるのでホコリもしっかり吸着して汚れを落としてくれます。

網戸掃除は年末の大掃除にやる家が多いと思います。が、それをサボってしまったお宅では年が明けてから心機一転、春になる前にやるのもいいですね。春の日差しがたっぷり入るように。それもサボったという人は、夏にやりましょう。気温が高いほうが汚れは落ちやすいし、夏休みにどうぞ。それもサボった人は……大丈夫、大掃除がありますから!

アワアワ網戸掃除

粉石けんを薄めに水で溶き
ハンドミキサーで泡立てる

ハンドミキサーがない場合は
スポンジでも大丈夫!

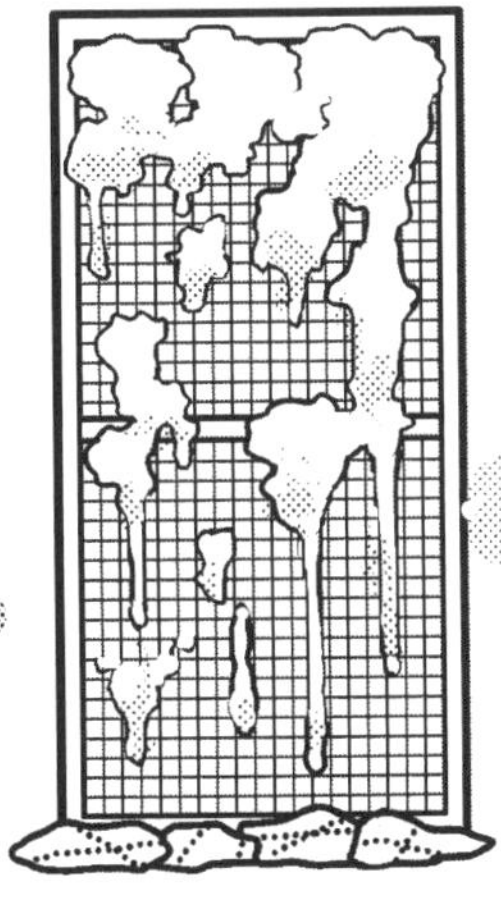

網戸の下に 雑巾をしき
泡をぬりつけると
泡が汚れを落としながら
たれてくる

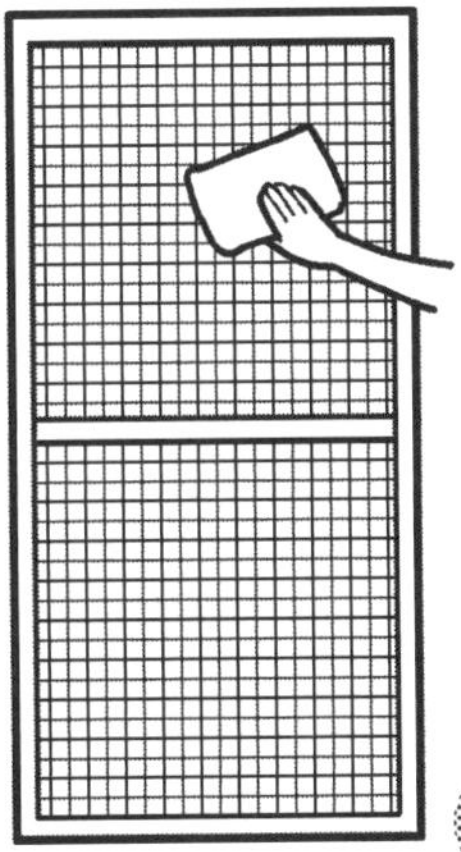

雑巾で泡を拭きとれば
網戸掃除終了♥

	pH	こんな汚れに効く！	注意点
セスキ炭酸ソーダ 商品名 アルカリウォッシュ、セスキ炭酸ソーダ物語など	9.8	洗濯：衣類の軽い汚れ／タンパク質汚れ（血液など） 掃除：白木以外の家具などの掃除 台所：コンロや換気扇などの油汚れ・手あか／入浴剤として	溶けやすく使い勝手が良いが口紅や墨汁などは無理／アルカリで腐食する金属もＮＧ
重曹	8.2	ごく軽い汚れ向き 研磨剤として… 便器の黒ずみ／グリルの焦げ	純石けんのpHをさらに下げて、デリケートなシルク・モヘア洗いに

※ちなみに、「クエン酸」は酸性なので、水回りの水あかなどの汚れに効果的
※ソーダはアメリカから入ってきた読み方、ナトリウムはドイツから入ってきた読み方でどちらも同じものです。

汚れ落としの向き不向きがひと目でわかる！

アルカリ助剤一覧

	pH	こんな汚れに効く！	注意点
炭酸塩 （炭酸ソーダ）	11.2	換気扇についたベタベタの油汚れに。無添加せっけんの助剤に。脱臭剤としても。	アルカリが強いので、手がカサカサするかも。ゴムやポリウレタンが劣化する可能性も。
過炭酸塩 （酸素系漂白剤） （過炭酸ナトリウム） 商品名 酸素系漂白剤など（液体タイプではなく、粉末タイプ）	10.5	洗濯：皮脂汚れなど衣類の漂白／シミ抜き 掃除：洗濯槽・風呂釜・排水口の掃除／殺菌剤としても 台所：食器の漂白／脱臭剤	シルクやウールなどアルカリに弱い繊維／金属の飾りが付いたもの／草木染め／アルミ、銅などアルカリで腐食する金属には使えない。ステンレスはＯＫなので、煮洗いにはステンレスの鍋を。

コラム

こんな用語も覚えておくと便利です

「**界面活性剤**」という言葉を聞くと、それだけで「なんだか環境に悪そう」と言う人がいます。でも、これは、水と油のような異質な物質を混ぜ合わせるもののこと。石けんも合成洗剤も界面活性剤ですし、マヨネーズを作るときに卵黄を使いますが、この卵黄も天然の界面活性剤です。昔はムクロジの木の実が洗剤として使われていましたが、これも天然の界面活性剤なのです。

界面活性剤は悪者ではありませんが、その種類によって、肌や物の表面や繊維の奥に残留しやすいものと、残留しにくいものがあります。

残留しやすいか、しにくいかを見極める一つの基準が「**臨界ミセル濃度**」です。

臨界ミセル濃度というのは、ものすごく簡単に言うと、石けんや合成洗剤が洗浄力（物に染み込んで汚れを分解する力）を持つぎりぎりの濃度、ということです。

このぎりぎりのラインを見分けるのが泡です。バケツに水を汲み、そこへ石けんや合成洗剤を耳かき一杯加えてかき混ぜても、全然泡立ちません。少なすぎるのです。少しずつ増やしながらかき混ぜていくと、ある濃度から急に泡立ってきます。それが「臨界ミセル濃度」に達した、ということです。泡が消えると、臨界ミセル濃度を下回ったということで、泡が消えた液は洗浄力を発揮できません。

石けんは臨界ミセル濃度が高いので、洗浄力を持つまでにたくさん必要になります。しかし、薄めるとすぐに臨界点を下回り、ものに染み込む力を失います。

合成洗剤は臨界ミセル濃度が低いので、少量で洗浄力を発揮します。薄めてもなかなか臨界ミセル濃度を下回りません。

これだけ見ると、合成洗剤のほうが効率的だと思うでしょう。

しかし、別の視点から見ると、石けんは薄まるとすぐに泡が消える（**泡切れがいい**）し、物の表面に残留しないのです。

合成洗剤は薄めても泡がなかなか消えず（**泡切れが悪い**）、物に染み込む力をなかなか失わないので物の表面に残留するのです。

主婦湿疹の主な原因は、ネットであれこれ検索してみたものを私なりに簡単にまとめてみると、「水仕事（お湯も含めて…）や紙を頻繁に扱う仕事を行っていると、皮膚の表面の皮脂や角質が落ちて皮膚を保護するバリア機能が弱まり、刺激物が侵入しやすくなって起こるのが『主婦湿疹』」ということのようです。つまり、手を酷使する人に出る症状のようです。

私も以前、合成洗剤を使っていた頃に主婦湿疹を発症しました。でも、石けんに変えたらすぐに治り、その後は一切発症していません。私と夫はエコの講演などで一年間に70個以上の換気扇を石けんで洗ったときもありましたが、素手で洗っていたのに、主婦湿疹は出ませんでした。これは、石けんは水で薄まるとすぐにものに染み込む力を失うので、よくすすげば皮膚に残留しないからだと思います。合成洗剤は物に染み込む力をなかなか失わないので、すすぎをかなり長くやってもなかなか落ちません。それだけ皮膚に残留・浸透しやすく、手荒れを引き起こしやすいのでしょう。

もちろん、石けんでも手荒れは起こります。脱脂力が強いので手がカサカサになるのですが、皮膚が薄くなって割れたりするような荒れ方とは違います。水仕事のあと、オイルやクリームを塗っておけば大丈夫。私のおススメは馬油やスクワランオイルです。食用のオリーブオイルなどでもOK。丁寧にハンドケアをやるなら、手にグリセリンを1～2滴付けて伸ばして保湿し、その上にオイルを塗ると完璧。顔と同じように手も保湿が大事です。

終章

人生も磨ける「丁寧な」暮らし

びしょぬれで家を傷めていませんか？

あるテレビ番組で、同じマンションで共同生活をしているアイドルグループの女の子2人がバスマットを買うシーンを見かけたことがありました。

お風呂は一つ。入浴が最後になると、バスマットがびしょぬれになるのが悩みで、2人はお店で「あ、これ吸水性もよさそう！」「薄い色だと汚れが目立っちゃうし」と言いながらダークブラウンのバスマットを選んでいました。

それを見つつ、私の心の中には二つの暗雲が……。

一つは色です。バスマットがいつもびしょぬれだと、雑菌が繁殖しやすくなります。濃い色だと汚れが蓄積してもわからないし、黒カビが生えても気づかずにそのまま使い続けることが多いんです！　ここはあえて薄い色にしたほうがいいのでは……。

もう一つは、床のことです。床板は水に強い塩化ビニールのクッションフロアかもしれません。そうだとしても、その下には木材が使ってあります。水滴が染み込むと、床板がすごく傷むのです。目に見えない部分にカビや腐朽菌も繁殖します。脱衣所の床がぬれるのは、家を傷める大きな要因なんです。

脱衣所の床といえば、姪の修学旅行を思い出しました。

修学旅行の注意事項のプリントに「浴室を出る前に体を拭いてから出るよう、家庭で練習させておいてください」と書いてあったのです。姉がそのプリントを見つつ、「そういえば、昔はちゃんと体を拭いてから出てたわ。バスタオルを使うようになって、なんとなくやらなくなったけど」と言っていたのを覚えています。この修学旅行をきっかけに、姉の家では、体を拭いてから浴室を出るようになりました。そうしたら、家族5人全員が入浴した後も、バスマットはカラッと乾いているのだそうです！

それを聞いて、私も体を拭いてから浴室を出るようにしました。水滴を取ってからバスタオルを使うので、バスタオルもびしょぬれにならないし、臭くもなりません。洗濯の回数も減るし、床も傷みにくいし、浴室内で水滴をふき取ってから出てバスタオルを使うから、寒くない。そして、後からお風呂に入る人だって快適。いいことづくめです！

ちょっと拭く…そんなほんの10秒程度のことで、あとがすごくラク、快適になるんです。

昔はみんな手ぬぐいひとつで体も洗ったし、拭いたし、髪も包んでいましたよね。バスタオル文化が当たり前になって、「手ぬぐい一つでなんでも済ませる」ことがなくなりました。

タオルも、厚手のほうがいい、という嗜好になってますが、高温多湿の日本では薄手のタオルや手ぬぐいのほうが早く乾きます。そういう良さが、どんどん忘れられていますね。残念です。

わが家の愛おしい30年モノ40年モノ

ふと気付くと、私の家には古いものがたくさんあります。骨董品というような価値のあるものではないですが、台所やお風呂で使うものを長い間現役で使っています。

オーブントースターはなんと40年前のもの。電子レンジは30年前に買ったものをまだ使っています。温める機能しかついていないごくシンプルなもので、まだまだ現役です。昔のものはややこしい機能がないせいか、故障が少ないので長持ちしますね。

電気効率がどうなっているか、その点はちょっと心配ですが……。

プラスチックのまな板は30年モノ、木のまな板は25年、木の洗濯板も20年使っています。木製品はカビて黒くなってしまうことがありますが、うちでは使ったあと必ず軽くふいているのでカビもなく、白いままです。

お風呂場ではプラスチックの石けん入れが37年モノ。20歳で引っ越したときに買いました。洗面器はなんと40年もの。高校入学の年に買ったので覚えています。使い終わったときに、体を洗ったタオルで洗面器を軽くこすっておけば、湯アカや石けんカスがびっしり付着するなんてことはありません。数年に一度くらい、お酢で石けんカス除去をすることもありますが、それも最後にやったのはもう忘却の彼方で、いつやったか忘れたくらいです。使い終わった直後にちょっとこする、というだけで「きれい」を持続できます。

●ポイントは工夫と愛着

プラスチックのお風呂のフタ（ジャバラ式）は2～3年でつなぎ部分が破れて、木のふたに買い替えました。プラスチックは可動部分が弱くなりやすいのです。木のフタは18年使っても全然傷まず、その丈夫さにびっくりしています。カビもほとんどありません。浴室の換気を良くすることと、ふたを毎回裏返しているので、表面が乾くので、それがカビ予防になっているのだと思います。

高校卒業の年に買ったプラスチックのお椀《わん》は、12年ほど経つとツヤがなくなり、熱でゆがむものも出てきました。結婚を機に木のお椀に買い替えたのですが、それは20

年以上ちゃんときれいに長持ちしています。

木のお椀をきれいに使うコツは、洗ったあとすぐふくこと。でも、ズボラな私は、水切りカゴに伏せて置きっぱなしにすることがほとんどです。これだと糸尻の内側に水がたまったままになるので、そこがカビたり腐ったりすることがあります。なので、うちではお椀を洗ったら、伏せずにいったん上向きに置き、糸尻の水を切ってから水切りカゴに入れています。木のものはちょっとした気遣いでプラスチックより長持ちしますね。木を使うなら、気を使おう！　がうちのスローガンです。

家電製品は電気効率を考えて新しいものに買い換えたほうが、電気使用量が減るのでエコだと言われますが、鍋釜お椀などは、できればずっと使いたいと思っています。長く使うと愛着がわきます。捨てたくないからもっと丁寧に使い、さらに長持ちするという好循環です。

ココに水がたまると
木のお椀だと傷むことも
まず上向きに置いて
水切り
そのあと
伏せています

靴を長持ちさせる、ちょっとしたコツ

革の靴は、ちゃんとお手入れすると本来はピカピカに輝きます。輝く靴はあなたのファッションをワンランク上に見せてくれるし、よく手入れされた靴は長持ちしますから、お金の節約にもなるはずです！

まず、靴の手入れに必要な道具をそろえましょう。

最初はボロ布（古いTシャツなど何でも）、靴クリーム、靴ブラシ、これだけでOK。靴ブラシと靴クリームは靴屋さんですぐ手に入ります。革の色に合わせた靴クリームをそろえるのが一番いいのですが、最初は白いクリーム（クリーナー兼用のものでも可）を一つ買うことをオススメします。

「今すぐやりたい！　だけど、持ってない！」という方は、お手持ちのハンドクリームでもOK。人間の手も、靴の革も、どちらも皮膚ですから、応急処置としてハンドクリームでも大丈夫なんです。私はちょっといいバッグなどの革製品に、みなさんが

絶対知っているすごくポピュラーなハンドクリームを使うことがあります。革には水分と油分の補給が大切なのですが、ハンドクリームはそのどちらも入っていてしっとりした艶が出るので、ときどき使います。

●「汚れを落とす→磨く」の2ステップで

やり方は実に簡単。ボロ布をちょっと湿らせて靴の汚れを落とし、クリームをつけて磨くだけ。磨くときは布で磨いたり、ブラシで摩り込んだり、色々なやり方がありますが、まずは革を傷つけないよう、優しく磨いてください。

革が擦り切れたように白くなっている場合は、その革の色と同じ色の靴クリームを摩り込むときれいになります。黒い靴の場合は黒い靴墨をブラシで軽く叩きながら摩り込み、布で磨くとツヤが出て、まるで別の靴のようになりますから！　革が乾燥しすぎているようなら湿った布にクリームをつけて摩り込むとしっとりします。場合によってはベビーオイルをすり込むこともあります。べとつかないよう、少量ずつすり込み、固く絞った布で磨くとピカピカになります。古くなった顔用のクリームを靴に転用したこともありますよ。

クリームやブラシ、布の使い方などは靴のお手入れグッズを買うときにお店の人に相談すると、いろいろ教えてくれますから、ぜひキチンと話をして買ってください。

もし、カビがはえているような革なら、防カビ剤の入ったクリームを使うといいのですが、やはり防カビ剤を使うよりも、カビさせないことのほうが大切です。

同じ靴を毎日続けて履くと、靴の中にたまった汗が乾かず、悪臭を放ちます。必ず中2日は空けましょう。靴箱の中も、たまには扇風機を当てて湿気を抜いてください。

ちゃんとやろうと思えばいくらでも凝ることができる革のお手入れ、楽しんでお手入れして、靴を長持ちさせてくださいね！

漆器の傷、塗らずに直す

あるとき、うちの漆塗りのテーブルに傷をつけられたことがありました。コーヒーの受け皿を引きずったあとがくっきりついたのです。

このテーブル、もともとは白木の座卓でした。これを知り合いの漆器専門店の方の紹介で、美大の工芸科の先生に漆を塗ってもらったのです。漆は何度も塗り重ねるので、預けてから戻ってくるまで半年以上かかりました。そういう手間のかかったテーブルに、戻ってきて数日で傷がついたのです。ものすごくがっかりして、漆器専門店の方に相談すると、すごい修復方法を教えてくれました。

「漆は柔らかいので、毎日手でなでていると傷が埋まって目立たなくなりますよ」といわれたのです!! ええっ、そんな簡単な方法でこの傷がなくなる!? びっくりして、半信半疑でしたが、とにかく毎日手でやさしくなでてみました。すると、日が経つうちに明らかに傷が薄くなってきました。

傷をつけた人がお詫びに来たときには、二週間くらい経っていたので、傷がほとんど目立たなくなっていたのです。「すごい傷がついたと聞いたのに、こんな薄い傷で大騒ぎしたのか？」と思われたかもしれません。でも、本当に、最初はくっきりついていたんですよ。それが「なでる」という方法で薄くなるなんて、漆は素晴らしいコーティング材です！

●丁寧に扱う「クセ」を育てる

漆のお椀も、しまいこむより、毎日使って洗ったあとに柔らかい布でやさしくふくことで、しっとりしたツヤが出ます。私は幸いなことに、こういうことを教えてくれる漆器専門店と知り合うことができました。欠けたり傷ついたときには塗り直しをしてくれます。他のお店でも修理をしてくれるはずです。漆器を買ったら必ず電話番号など控えておきましょう。製造元に問い合わせてもいいですね。

プラスチックのお椀や道具はなかなか壊れませんが、いったん傷つくと修理ができません。でも漆器なら修理がきくんですよ！

漆器は確かに高価です。修理にもお金がかかります。でも、だからこそ大事に扱うようになります。もちろん、安いものも丁寧に扱うべきなんですが、根がガサツで貧乏性の私は、高いものだと丁寧さに気合が入ります。それで慣れた丁寧さが、安物を使うときにも影響を与えています。漆のテーブルの傷を見てからは食器を引きずらなくなりましたから……。

漆器の需要が伸びることは、日本の伝統工芸の職人さんを支えることになります。さらに、漆を採取するために山に入る人が増えれば、山の保全にもつながります。漆器は修理がきくだけでなく、いろんな面でエコなんですね！

日々の暮らしはちょっとしたことで質がどんどん上がると思います。「ちょっとだけ丁寧に暮らす」――それは、「ちょっとだけ暮らしを意識する」「ちょっとだけ気をつける」ということなのかもしれません。

あとがき

本書は「読売オンライン」で連載中のコラムに、新たな書き下ろしを含め大幅に加筆修正してまとめました。連載中から洗濯の話はコメントや質問がたくさんつきました。みなさん、洗濯にはいろいろ困っているようです。

汚れ落としは化学だ、と冒頭に偉そうなことを書いていますが、私自身は理化学系はとても苦手です。でも、石けんやセスキで汚れが落ちていくさまを目の当たりにして、化学変化の面白さに気づきました。いろんなサイトや本を読み漁り、30年ほどかけて少しずつ情報を集めてきましたが、まだまだ専門家とは言い難い程度の知識量です。本書にも間違いや勘違いが多々あるかもしれません。そういうところはぜひ教えていただければ幸いです。

多くの人の経験や情報を集めて、洗濯がうまくいくようになれば、嫌な臭いに悩む人も減るでしょう。たかが洗濯とあなどらず、コツコツ上昇していきたいと思います。

最後に、本書をまとめるのに苦労してくださった手島智子さん、正しい情報を教えてくださる生活と科学社のみなさんに感謝いたします。ありがとうございました。

著者紹介

赤星たみこ　1957年宮崎県生まれ。1979年講談社「mimi」でマンガ家デビュー。映画化、テレビ化された作品も多い。多忙な仕事でゴミ出しがままならないことから工夫したゴミを減らすコツや、趣味で始めたエコロジーが高じて、今では環境問題を考える講演会でもひっぱりだこ。ズボラだったがゆえのわかりやすくて、ためになる解説は大好評である。シンプルな家事を提案した『気持ちよく暮らす簡単家事生活』『きれいに暮らす簡単石けん生活』（ともに小社刊）はロングセラー。今回は、セスキ炭酸ソーダや過炭酸塩なども含め、ニオイと汚れ対策に培ってきたノウハウをとことんまとめた。

セスキ&石《せっ》けんで
スッキリ快適生活《かいてきせいかつ》

2014年10月10日　第1刷

著　者　赤星《あかぼし》たみこ
発行者　小澤源太郎

責任編集　株式会社 プライム涌光
電話　編集部　03(3203)2850

発行所　株式会社 青春出版社
東京都新宿区若松町12番1号 〒162-0056
振替番号　00190-7-98602
電話　営業部　03(3207)1916

印　刷　中央精版印刷　製　本　大口製本

万一、落丁、乱丁がありました節は、お取りかえします。
ISBN978-4-413-03930-7 C0077

ケタ違いに稼ぐ人はなぜ、「すぐやらない」のか？
〈頭〉ではなく〈腹〉で考える！思考法
臼井由妃

「いのち」が喜ぶ生き方
矢作直樹

人に好かれる！ズルい言い方
お願いする、断る、切り返す…
樋口裕一

中学受験は親が9割
西村則康

不登校から脱け出すたった1つの方法
いま、何をしたらよいのか？
菜花　俊

青春出版社の四六判シリーズ

キャビンアテンダント5000人の24時間美しさが続くきれいの手抜き
清水裕美子

人生は勉強より「世渡り力」だ！
岡野雅行

わが子が「なぜか好かれる人」に育つお母さんの習慣
永井伸一

ためない習慣
毎日がどんどんラクになる暮らしの魔法
金子由紀子

なぜいつも〝似たような人〟を好きになるのか
岡田尊司

お願い　ページわりの関係からここでは一部の既刊本しか掲載してありません。
折り込みの出版案内もご参考にご覧ください。